揭秘科学的真相

陆　南◎主编

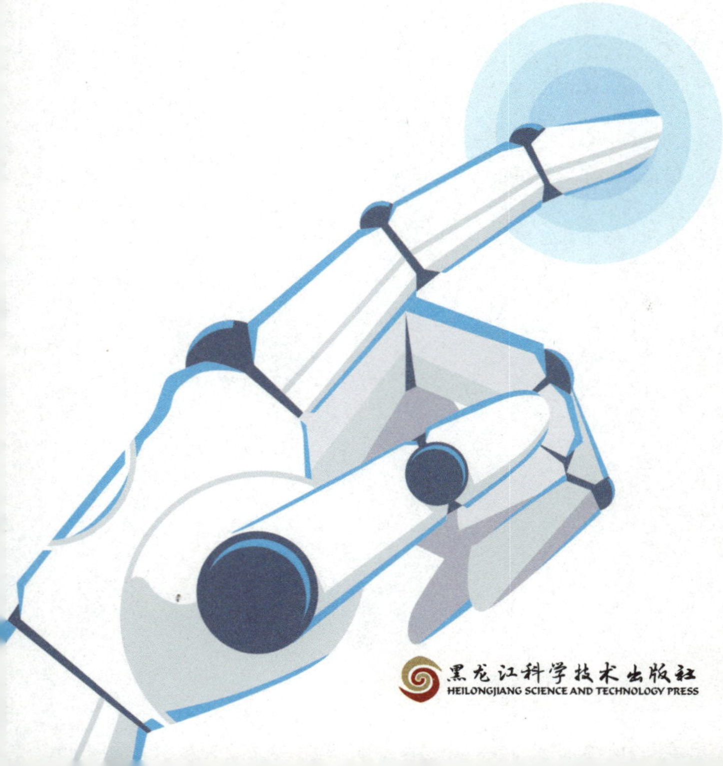

黑龙江科学技术出版社
HEILONGJIANG SCIENCE AND TECHNOLOGY PRESS

图书在版编目（CIP）数据

揭秘科学的真相 / 陆南主编. -- 哈尔滨 : 黑龙江科学技术出版社, 2025. 3. -- ISBN 978-7-5719-2685-4

Ⅰ. Z228.1

中国国家版本馆 CIP 数据核字第 20250FC190 号

揭秘科学的真相

JIEMI KEXUE DE ZHENXIANG

陆　南　主编

责任编辑　刘　路
插　　画　上上设计
排　　版　文贤阁
出　　版　黑龙江科学技术出版社
　　　　　地址：哈尔滨市南岗区公安街 70-2 号　邮编：150007
　　　　　电话：（0451）53642106　传真：（0451）53642143
　　　　　网址：www.lkcbs.cn
发　　行　全国新华书店
印　　刷　天津泰宇印务有限公司
开　　本　710 mm×1000 mm　1/16
印　　张　7.5
字　　数　76 千字
版　　次　2025 年 3 月第 1 版
印　　次　2025 年 3 月第 1 次印刷
书　　号　ISBN 978-7-5719-2685-4
定　　价　49.80 元

前言

嗨，你好，欢迎翻开本书，加入探索科学奥秘的行列。

很多小伙伴都已经出发了，并且还有惊人的“科学大发现”：爱推理的明明发现，两块磁铁相同的磁极靠近时，它们会互相排斥；爱思考的妞妞发现，脱毛衣时毛衣会冒出“火星”，还噼噼啪啪作响。这都是为什么呢？

如果你也像他们一样，脑子里藏着一堆“为什么”，那你也是一名出色的科学发现者。《揭秘科学的真相》这本书就是为像你一样的众多科学发现者而编写的。

本书包含光、电与磁、力、声音等内容，从生活小事、趣事讲起，带着大家在轻松幽默的情境中探索科学的奥秘。每个章节后面都有有趣的科学小游戏，并配有详尽的游戏步骤，材料随手可得，简单易做，5 分钟就能轻松上手，在游戏中学习科学，在玩乐中掌握科学原理。

亲爱的小读者，你准备好了吗？欢迎大家成为科学探索队的一员！伟大的科学发现者们，出发啦！

目录

CONTENTS

电与磁的魔力

走进光的世界

探索声音的奥秘

电与磁的魔力

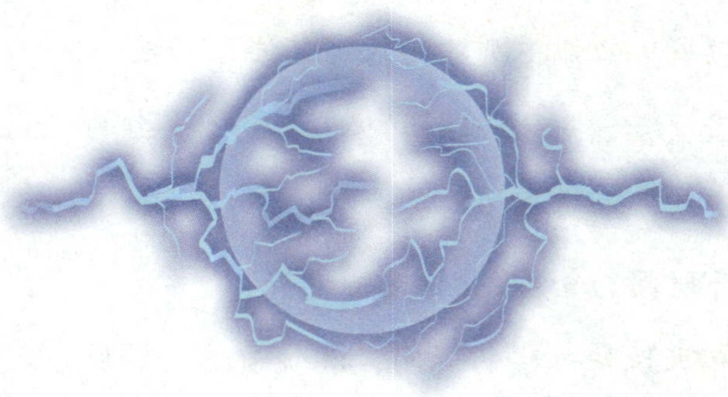

你能想象一个没有电的世界吗？如果没有电，夜晚所有的路灯都会熄灭，电梯也会停止运行。

如果所有电都消失了，我们的生活将变得十分暗淡，想想就有点儿可怕……

那么你知道电是怎么产生的吗？它有哪些用途和危害呢？下面，就让我们一起走进电的世界吧！

静电

妞妞吃完饭准备睡觉，她关了灯，在脱毛衣的时候，毛衣发出“噼啪”的声音，并冒出零星的火花，妞妞以为着火了，吓了一跳，大喊着：“着火啦！”

爸爸妈妈听到妞妞的呼喊声，急忙来到妞妞的房间，询问是怎么回事，妞妞把刚才的经过复述了一遍。

爸爸听了之后，跟妞妞解释道：“毛衣冒出的火花是摩擦产生的静电，不用害怕。”

妞妞好奇地问爸爸：“什么是静电呢？”

你如果有跟妞妞一样的疑问，就带着这个疑问一起来探索神奇的静电吧！

◆ 什么是静电

静电球

在干燥的天气里，当你去抚摸一只可爱的小猫咪，或者拉门把手的时候，你可能会突然感到手指尖传来一阵微弱的刺痛。这就是静电的作用。我们的皮肤和衣服在摩擦过程中会产生电荷，这些电荷存储在我们身上静止不动，所以叫静电。

在日常生活中，静电并不罕见，我们自己和周围的一些物体，如动物、植物和各种材料，都会带上静电。

静电有时会产生“噼啪”的声音，这种声音通常在干燥的天气里更容易听到。虽然静电可能会让我们感到有些刺痛，但它通常不会造成严重的伤害。然而，在特定的环境条件下，如存放石油或天然气的环境中，静电放电可能会引起火灾或爆炸。

◆ 消除静电

静电虽然对我们的危害不大，但也给我们的日常生活带来了很多麻烦。当然，消除静电的方式也有很多，常见的方法有如下几种：

首先，当感觉衣服有静电时，可以将衣服和放在地面上的金属物品接触，将静电导走。也可以佩戴一些金属饰品，如金属材质的安全别针，同样可以消除静电。

其次，可以用喷雾瓶装一瓶水携带在身上，当感受到静电时，在衣服上喷点水，或者出门之前洗手，都会去除静电。

再次，使用室内加湿器也可以消除静电，保持室内湿度在45%~65%，可以减少静电的产生。

最后，洗完澡后使用身体乳涂抹全身，也可以增加皮肤的湿润度，这样，皮肤和衣服之间就不会产生静电了。

◆ 为我所用

工厂中冒出的大量浓烟中含有许多颗粒状粉尘，这些粉尘会严重影响环境，例如影响农作物的生长和人们的身体健康。静电除尘就是利用静电的原理，使得悬浮在气体中的尘粒带电而被吸附，从而达到除尘的目的。

静电喷漆是一种利用高压形成的静电场进行喷漆的新技术。相对于人工喷漆，静电喷漆具有效率高、浪费少、质量好及不损害工人健康等特点。

静电植绒运用电荷同性相斥、异性相吸的原理，使得绒毛带上负电荷，快速地飞升到带有正电荷的、需要植绒的物体表面，植绒物体的表面都涂有胶黏剂，绒毛会被垂直粘在上面，这个工艺简单、成本低。

◆ 气球摩擦后可吸到墙上

同学们，你相信吗？不用胶水，不用绳子，我们也可以将气球吸在墙上，只需要将气球在头发上摩擦几下就可以做到。是不是很神奇呢，快去试一试吧！

这是因为当气球表面与头发摩擦时，它们之间会产生静电吸引力。当气球表面与墙面接触时，会发生电荷转移，使得气球和墙壁之间产生相反的电荷。这种相反的电荷相互吸引，从而使得气球被吸到墙上。

静电吸引力的大小，决定着气球在墙壁上停留的时间。很多因素会影响静电吸引力的大小，例如，空气湿度和温度会影响电子的移动性和活跃性，从而影响静电吸引力；气球和墙壁的材质与表面处理也会影响它们之间的静电吸引力。

电流

东东知道了摩擦起电之后，对电产生了浓厚的兴趣，总爱问东问西。有一天，他打开电灯开关，灯就亮了，不禁产生疑问：电是怎么到达白炽灯处让白炽灯变亮的呢？于是，他就去问爸爸。

爸爸告诉他，这是因为电流流经白炽灯，白炽灯就亮了。白炽灯能持续发光，就是因为有电流不断地流过。

在我们的生活中，各种各样的电器之所以能被驱动，都是因为电流。让我们一起来看看电流是什么吧！

◆ 什么是电流

电流就像一股流水，在电线中流动。

当电流流动时，它会产生能量，就像水流动会产生动能一样。电流可以像水流一样被引导和分支，但是电流必须形

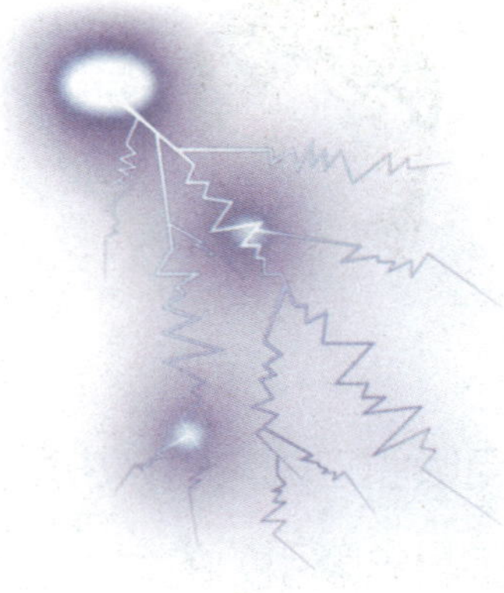

我们通常看不见电，而看得见的闪电也只是由于被强大电压电离而发光的空气。

成一个完整的回路。

电流是指电荷在导体中的移动，当导体两端存在电场或电压时，导体内部的电子会受到电场力的作用而开始移动，从而形成电流。电流就像水流一样，会沿着一条路径从高电压处流向低电压处。因此，电流可以从发电设施流动到千家万户，给人们带来光明和温暖。今天，我们的生活已经像离不开水一样，离不开电了。

◆ 电流有哪几种

电流有好几种分类方式。根据电流的性质，它可以分为直流电流和交流电流。直流电流就是大小和方向都不变的电流，而交流电流则是大小和方向随时间呈周期性变化的电流。直流电通常用于电池，而

交流电

交流电广泛用于家庭电力供应和大型电力系统中。

电流也可以分为安全电流和工业电流，安全电流就是在特定环境下对人体没有危害的电流，而工业电流则是用于工业生产和加工的高强度电流，例如工厂用电。

根据电流的频率，交流电还可以分为低频电流和高频电流。低频电流是指频率低于 1000Hz 的电流，常用于工业和家庭电力系统等领域。而高频电流则是指频率高于 1000Hz 的电流，常用于通信、雷达和电子设备等。

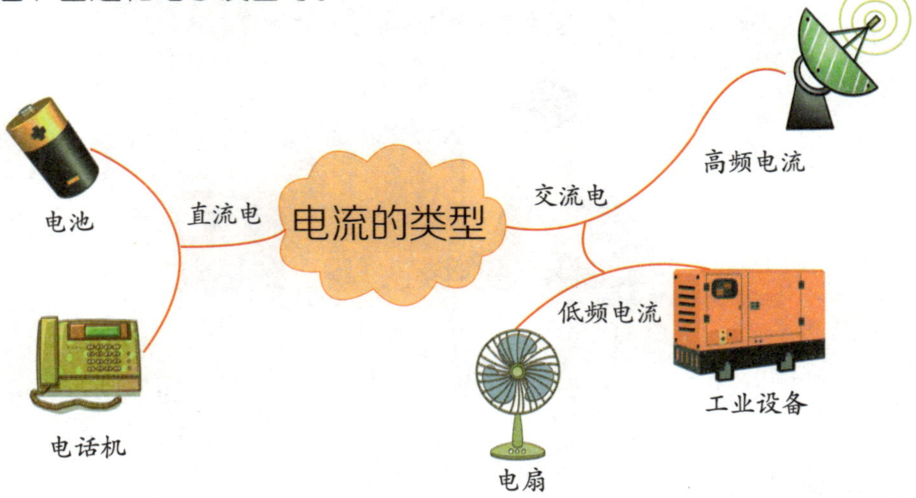

◆ 电流的大小

电流的大小是对电流量的描述，指的是在单位时间内流过导体横截面的电荷量的多少。

电流的大小是由电路中的电压和电阻决定的。电压可以认为是电荷在电路中流动时受到的推力。电压是产生电流的原因，驱动电荷在电路中流动。电阻是一个物理量，用来衡量物质对电流通过的阻碍作用。在电路中，当电阻不变时，电压越高，电流就会越大；而当电压不变时，电阻越大，电流就会越小。

电压可以利用变压器进行变换。变压器广泛应用于供电系统中，用于将高电压转换为低电压，或者将低电压转换为高电压，以满足各种电器设备的需求。在一些地方，还需要用到配电箱。变压器连接配电箱，将电能输送到配电箱中，再由配电箱分配电能。

变压器

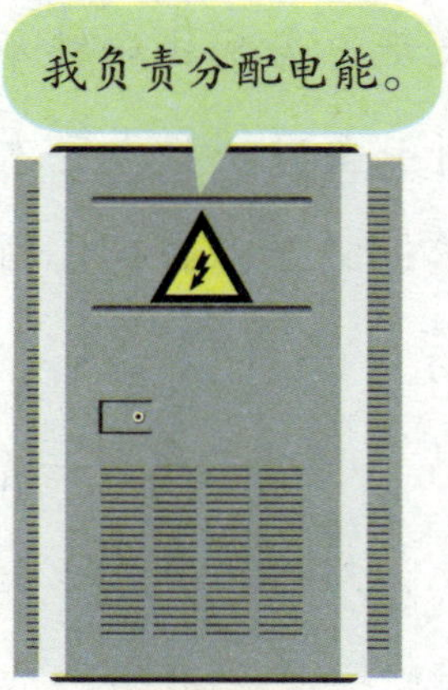

配电箱

◆ 电流的测量

要测量电流，我们需要使用一个叫作电流表的工具。电流表就像一个非常灵敏的“电子血压计”，它可以测量电路中电子的“血压”。

测量电流时，我们将电流表和待测电路串联后，电流表会显示电路中待测电流的大小。

磁现象

最近，小明发现了一个神奇的宝贝，那就是磁铁。他发现，当两块磁铁不同的磁极靠近时，它们会互相吸引，并且要费一些力气才能将其分开；当两块磁铁相同的磁极靠近时，它们就互相排斥，好像怎么也不愿意靠在一起似的。

小明还想到一个好主意：把一块磁铁装在玩具小车上，然后利用另一块磁铁同极之间的排斥力，推动小车到处走，玩得不亦乐乎。

小朋友们，你知道磁铁为什么会有这么神奇的现象吗？

◆ 磁性材料

磁铁就是磁性材料的一种。磁性是物质的一种属性，它可以让物体相互吸引或排斥。不管物质的形状如何变化，磁性并不会改变。当我们把一块磁铁的北极（N）和另一块磁铁的南极（S）

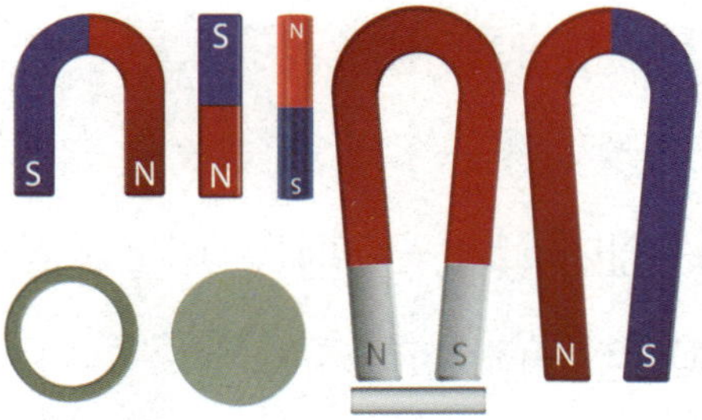

各种形状的磁铁

靠近时，它们会相互吸引，因为不同磁极之间会产生吸引力；如果我们把一块磁铁的北极（N）或南极（S）和另一块磁铁的北极（N）或南极（S）靠近时，它们会互相排斥，因为相同磁极之间会产生排斥力。

在我们的日常生活中，许多物品和设备都利用了磁的性质。

总之，磁现象非常有趣，它存在于我们周围，并被广泛应用于各种领域。通过了解磁的性质和作用，我们可以更好地理解这个世界，并探索更多的科学奥秘。

◆ 古人与磁性

早在战国时期，人们就积累了有关磁性的一些知识，在探寻铁矿的时候经常会遇到磁铁矿。很早之前人们就将这些发现记载下来。例如《管子》中就有这样的记载：“上有慈石（即磁石）者，下有铜金。”

磁力被发现后，人们便利用磁力发明了一系列辨别方向的工具，其中最有名的就是指南针。据《古矿录》记载，指南针最早出现于战国时期的磁山一带，构造简单：一个圆形表盘，一根中心轴，上面装着磁针，标有东南西北四个方位。

另外，在我国古代，还有一种指南针的原型，叫作司南。公元 1 世纪初，东汉学者王充在《论衡》中记载为："司南之杓，投之于地，其柢指南。"司南是把天然磁石琢磨成勺子的形状，放在一个水平光滑的"底盘"上制成的，静止时，它的长柄指向南方。

◆ 磁极

磁铁的南极（S）和北极（N）就是磁极。磁极指的是在磁体上磁性最强的那一部分。不论多么小的磁体，都具有两个磁极，同名磁极相互排斥，异名磁极相互吸引。

在地球上，磁体在水平面内自由转动，当静止时总是一个磁极指向南方，而另一个磁极指向北方。

我们不论在地球的什么地方，磁针的两端总是一直指向南北方向，这也说明地球周围存在一个非常大的磁场。但是，地球的磁场也不是永恒不变的，地球的南北磁极也曾经互换过位置，即地磁的北极转换成了地磁的南极，地磁的南极转换成了地磁的北极，这就是科学家所说的"磁极颠倒"。

磁极是指磁体上磁性最强的部分，通常分为南极和北极。南极用字母S表示，北极用字母N表示。

电磁效应

放假期间，芬芬的爸爸带着她回老家过节。路上，芬芬和妈妈一直在打视频电话。这个时候，汽车缓缓驶进了一个隧道，刚一进去，视频电话就断了，怎么调试都连不上。爸爸说："没事，等出隧道就好了。"

果然，等车驶出隧道之后，一切又恢复正常了。

打完电话后，芬芬问爸爸这是怎么回事。爸爸说："这是因为我们通信用的都是电磁波，当经过隧道的时候电磁波传递不过来，网络就断了。"

那么电磁波是怎么来的呢？就让我们和芬芬一起来学习一下吧！

◆ 电流的磁效应

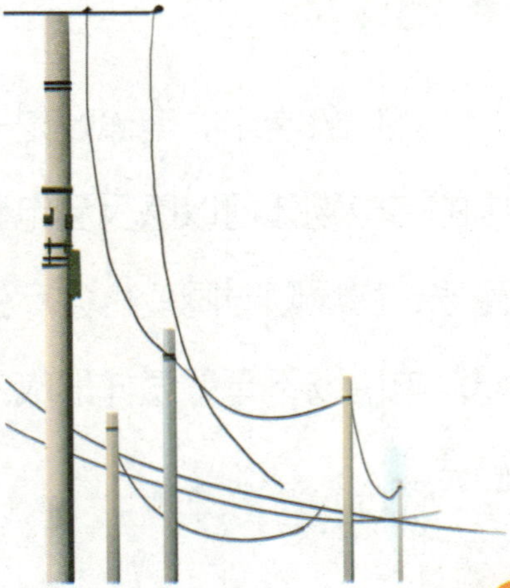

当电流通过电线时，会产生一个磁场。这个磁场虽然肉眼看不见，但它是真实存在的。通过电线的电流越大，产生的磁场就越强。磁性与电之间的相互联系、相互影响，就是磁效应。

电流的磁效应在我们的生活中有很多应用，如电风扇叶片转动、汽车发动机工作等。此外，各类发电机的核心工作原理都是依靠电磁感应将风能、潮汐能、热能、核能等转化为电能的。

在电风扇中，当电流通过电机时，它产生的磁场会吸引电机的铁芯转动，从而使风扇叶片转动。

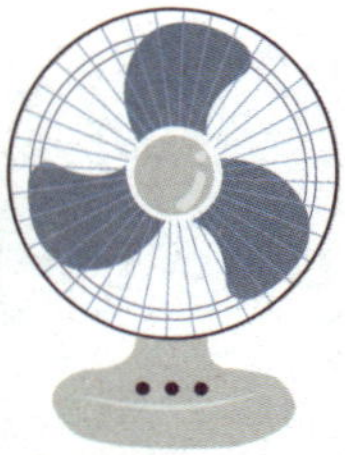

在汽车中，当电流通过电磁线圈时，产生的磁场会使控制阀移动，帮助汽车发动机工作。

提示

电磁铁的磁性并不是永久的。把一根导线绕成螺线管，再在螺线管内插入铁芯，当有电流通过时，它会有较强的磁性。这种磁体，在有电流通过时才有磁性，没有电流通过时就会失去磁性。

◆ 电磁场

在电磁学中，电磁场是一种由带电物体产生的物理场。电磁场中的带电物体可以感受到电磁场的作用力。电场随时间变化会产生磁场，磁场随时间变化会产生电场，两者互为因果关系，形成电磁场。电磁场不管是怎样形成的，都一直以光速向四周传播，形成电磁波。

电磁场由电场和磁场组成，可以相互作用并产生电磁波，如无线电波、微波、可见光、X射线和伽马射线等。

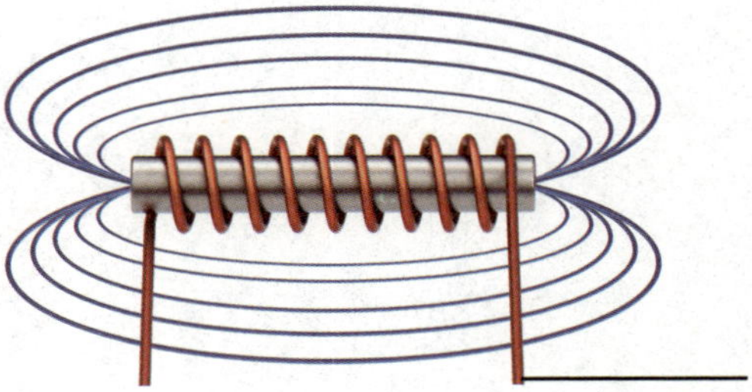

◆ 看不见的电磁波

1864 年，英国科学家麦克斯韦总结了前人在电磁现象方面的研究成果，大胆地提出电磁波是真实存在的，并且与光具有同样的传播速度。

到了 1887 年，德国科学家赫兹用实验第一次证实了电磁波的存在。后来，其他科学家发现了各种形式的电磁波，并证明光也是一种电磁波。此外，无线电波、红外线、紫外线、X 射线等电磁波都得到了广泛应用。

电磁波是一种能量形式，是电场与磁场在空间中衍生发射的振荡粒子波。电磁波的电场和磁场相互垂直，并以波动的形式传播，就像水波一样。

光就是一种电磁波，能被人眼看见的电磁波就是可见光，如太阳光。

揭秘科学的真相

电磁波的传播不依靠介质，因此可以在真空中传播。电磁波有很多用途，比如电视机、收音机、手机等都是利用电磁波来传递信息的。

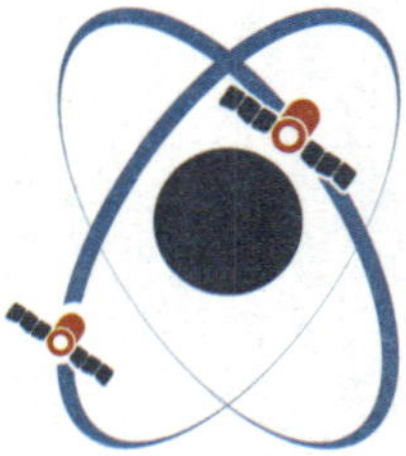
卫星通信

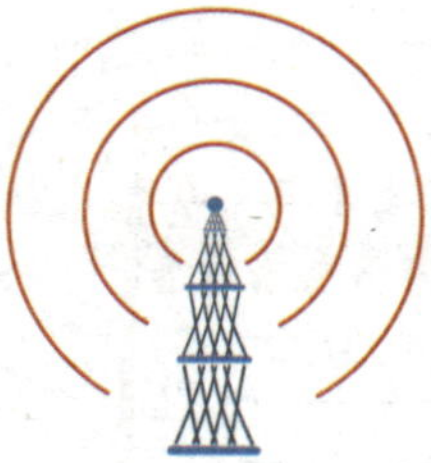
信号塔

人造卫星

无线路由器

信号接收天线

计算机

广播

手机

对讲机

游戏中的科学

踢足球的小人儿

准备材料

一张锡箔纸	一张旧光盘
一件羊毛织品	一个玻璃杯
一个铁盒	一个胶棒
一把剪刀	一根细线

操作步骤

01 在锡箔纸上画一个踢足球动作的小人儿和一个小足球，然后用剪刀剪下来。

02 将小人儿的一只脚粘在光盘的边上。

03 用羊毛织品反复摩擦光盘，然后将光盘放到倒扣的玻璃杯上。

04 在距离小人儿几厘米处放好铁盒。

05 用细线拴住小足球，然后吊在小人儿和铁盒中间，观察小足球的情况。

实验结果

小足球被小人儿反复踢向铁盒。

科学揭秘

用羊毛织品反复摩擦光盘后，光盘就带了电，因电荷具有转移性，所以光盘上的小人儿也带了电。小足球被放到小人儿和铁盒之间，因为小人儿带电，会将小足球吸引过去，小足球因此也带了电。因为同种电荷相互排斥，所以小足球会被立刻弹开，冲向铁盒；而铁盒会吸收小足球上的电荷，接着小足球将再次被小人儿吸引过去，然后弹开。如此反复，直到小人儿上的电荷被耗光。

会拐弯的自来水

准备材料

一把塑料小勺子	一件毛衣

操作步骤

01 将水龙头打开，使水流细细地流出。

02 用勺子在毛衣上不停地摩擦，然后将其靠近水流。

实验结果

自来水的水流向勺子方向倾斜。

科学揭秘

这是一个静电诱导游戏。带电的物体对不带电的细小颗粒具有吸引力。勺子与毛衣相互摩擦，带上了电，所以勺子可以吸引不带电的水流，使水流随着勺子的方向“拐弯”。

磁场强度

准备材料

两节干电池	一个带灯座的小灯泡
一枚小磁针	一个开关
一根导线	

操作步骤

01 用导线把一节干电池、一个小灯泡和开关串联起来，然后把小磁针置于电路附近。

02 改变干电池的正负极，你会发现磁针的方向也随之发生了变化。

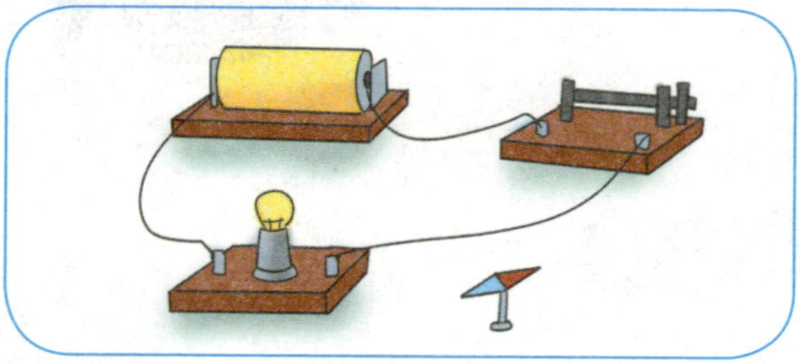

03 将两节干电池串联起来，观察磁针的变化。

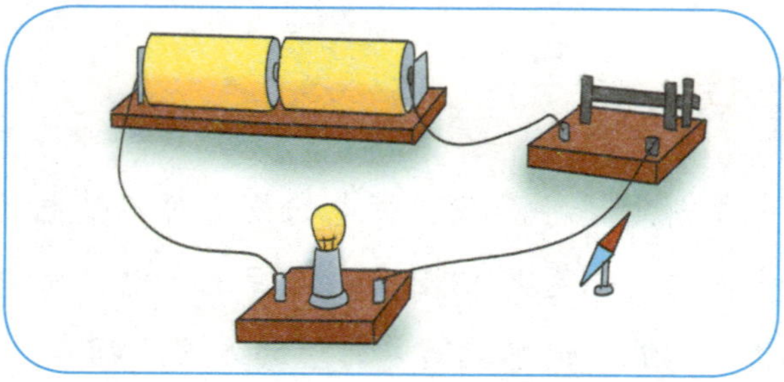

04 在此基础上，将导线绕圈的匝数增加，观察磁针的变化。

实验结果

加了一节电池后，磁针的偏转角度增大了；导线绕圈的匝数增加后，磁针的偏转角度和幅度进一步增大了。

科学揭秘

当导线通过电流时，会对周围的磁针产生作用力，使其中一极受排斥，另一极受吸引，所以会发生偏转。加大电流和增加导线线圈的匝数，磁场强度会进一步增大，所以磁针的偏转角度和幅度就会增大。

隧道里的收音机

准备材料

一张铝箔纸	一台收音机

操作步骤

01 用铝箔纸弯折成一个拱形隧道的形状。

02 将收音机打开，声音调得清晰一些。

03 将收音机放进我们做好的“隧道”中。

04 将收音机从“隧道”里拿出来。

实验结果

在第三步中，收音机正在播放的声音竟然没有了。到了第四步把收音机拿出“隧道”后，又能听到声音了。

科学揭秘

收音机发出清晰的声音靠的是稳定的电磁波，但电磁波无法穿透铝箔纸等金属类导体。因此，收音机进入铝箔纸制成的“隧道”中时，就无法接收、发出电磁波了。

走进光的世界

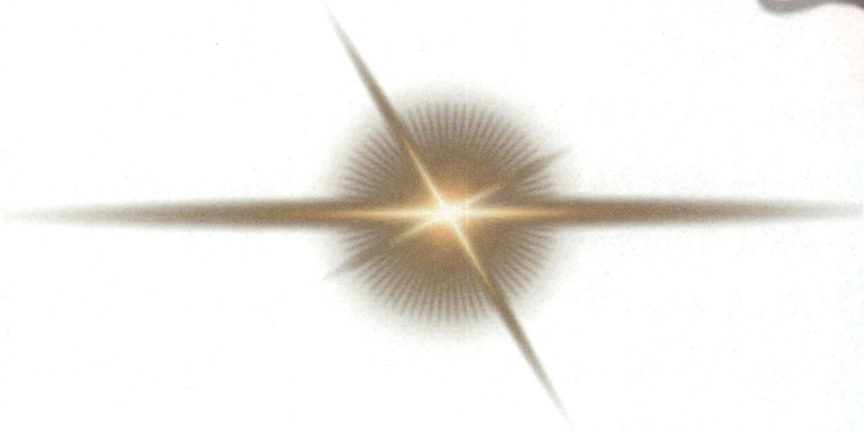

光，无处不在。白天，阳光普照大地；夜晚，各种灯光把楼房、街道照得通明。光，时刻伴随在我们身边。

因为有光，植物才能健康茁壮地成长；因为有光，我们才能看见世间万物的模样。可以说，万物生长、人类的生活都离不开光。

那么，你知道光是怎么来的吗？它有哪些特性呢？

下面让我们走进光的世界吧！

光的家族与光的传播

小菲正在做作业，突然找不到橡皮了。

估计是掉在哪个犄角旮旯里了吧。小菲停下来，开始找橡皮。然而桌子底下、角落里有点黑，她看不清。

妈妈说："打开手机的手电筒功能吧。"

小菲看着窗外明亮的太阳，说："太麻烦了。要是太阳光能拐弯，照到那些地方就好了。"

你有没有观察过光，它能拐弯吗？哪些物体会发光呢？光又是怎么传播的呢？让我们带着这些疑问，了解一下光的家族、光的传播等知识吧！

◆ 光的家族

有些物体是会发光的，比如太阳、电灯；也有很多物体是不会发光的，比如房屋、桌椅等。能发出可见光的物体就是光源，可见光就是我们用眼睛能看到的光。晚上的月亮虽然也能发出皎洁的月光，但它并不是光源，因为月亮发出的光只是反射的太阳光，并不是它本身发出的光。

光源的家族很庞大，按形成原因可分为两种，一种是自然光源，一种是人造光源。像太阳这种能自己发光的就是自然光源，其他如萤火虫、水母、灯笼鱼等。

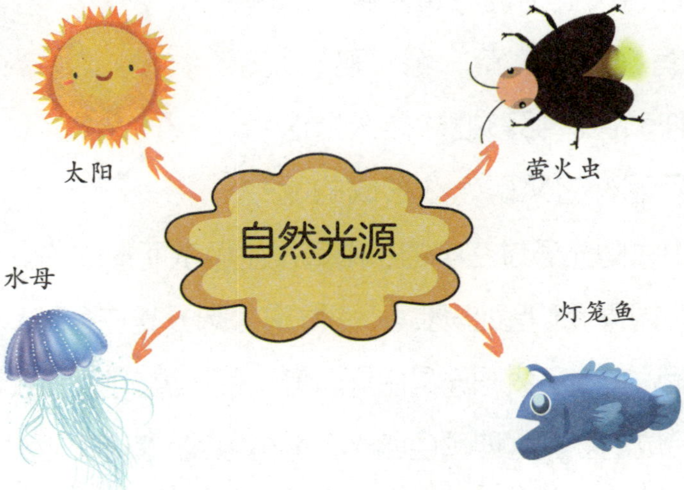

像电灯这种人类制造出来的发光体就是人造光源，其他如火把、蜡烛、油灯等。

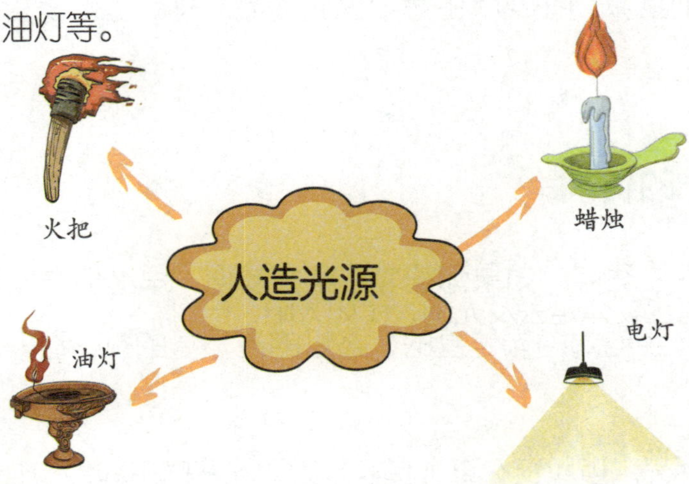

提示

太阳、激光笔等光源发出的光非常强烈，我们不能直接用肉眼去看，否则它们会对我们的眼睛造成伤害。

◆ 五颜六色的光

下过雨后，太阳出来，我们通常会看到天上出现一道彩虹，而彩虹共有红、橙、黄、绿、蓝、靛、紫七种颜色。那彩虹为什么是这七种颜色呢？它又是怎么形成的呢？这是由太阳光通过空中的小雨滴发生色散而形成的。

但如果我们留心观察，会发现太阳光是白色的，这又是怎么回事呢？其实，太阳光是由红、橙、黄、绿、蓝、靛、紫七种颜色的光合成的。这七种颜色的光不能再色散成其他颜色的光，所以它们都是单色光，由几种单色光合成的光是复色光，太阳光就是复色光，而且我们在实际生活中见到的光，基本上都是复色光，如灯光、烛光等。

◆ 光的传播

在生活中，如果你细心观察会发现：早上射进屋里的阳光是直的，手电筒的光是直的，路灯的光是直的……看来，光都是直的。

而光之所以这么直，其实是因为光在同一种均匀介质，比如空气中，都是沿直线传播的。光不仅能在空气中传播，还能在玻璃、水等透明的固体、液体以及真空中传播，且都是沿直线传播的。

如果光遇到一堵墙会怎么样呢？你会发现，太阳光照到墙上

提示

光在不同介质中的传播速度是不一样的。光在真空中的传播速度最快，接近 30 万千米 / 秒。

后，墙就会把阳光挡住，并且在墙的后面留下一片阴影，这片阴影就是墙的影子。所以，影子是光在直线传播过程中被不透明的物体挡住而在物体背后形成的。

◆ 日食、月食的形成

日食、月食的形成就跟光沿直线传播有关。

当月球运行到太阳和地球之间，三者又恰好在一条直线上时，不发光的月球就会挡住太阳射向地球的光，地球上就会出现月球的黑影，这种现象就是日食。而当它们三者恰好或几乎在一条直线

上，地球在太阳和月球之间，部分或完全遮挡太阳到月球上的光线时，便产生月食。

◆ 有趣的小孔成像

光在同一种均匀介质中沿直线传播，还有一个有趣的例证，那就是小孔成像。用一个带有小孔的板遮挡在屏幕与物之间，屏幕上就会形成物的倒像，这样的现象叫小孔成像。

照相机就是利用小孔成像的原理发明的。小孔成像是不是很神奇？

◆ 忽长忽短的影子

前面我们介绍了影子是怎么形成的。那么，影子的长度和方向是不是一成不变的呢？在生活中，如果我们细心观察就会发现：夜晚，我们在路灯下走路，当我们离路灯比较远的时候，影子在我们后面且比较长；当我们走近路灯时，影子就会越来越短；当我们再次远离路灯时，影子会跑到我们前面，且会越来越长。

再比如一棵树，在一天中影子的长度和方向也是不同的：

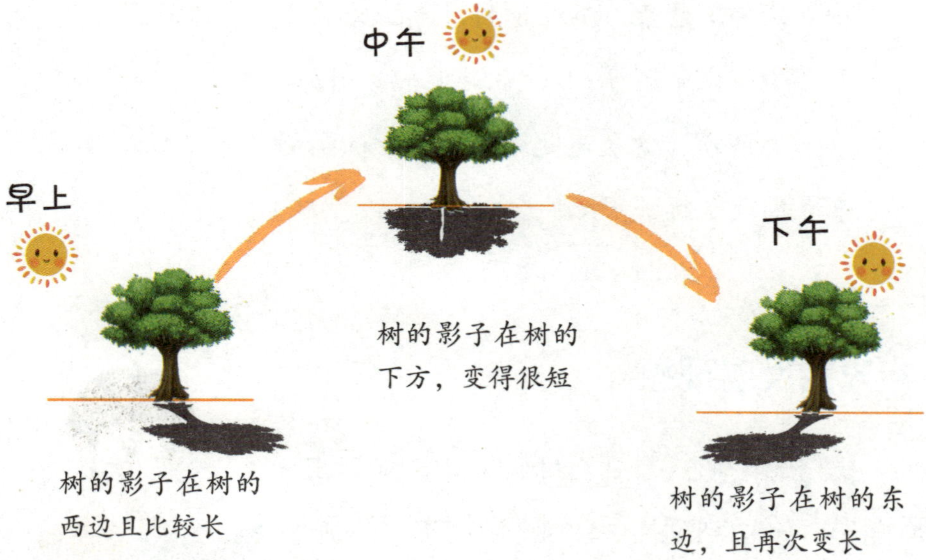

可见，影子的长度和方向并不是一成不变的。物体与光源距离的远近、光源的方向都可以影响物体影子的长度和方向。

会反射的光

过生日时，爸爸送给小宇一个万花筒。小宇很喜欢看里面那个童话般的世界。他只要用手轻轻旋转它，图案就会发生变化，里面就好像藏了无数的图像似的。

看着看着，小宇不由得很好奇，一个小小的万花筒，为什么能变出那么多图案呢？妈妈说：“万花筒制作起来一点儿都不复杂，不过是利用光的反射产生影像而已。”

小宇还是不懂：“什么是光的反射？”

小朋友，你是不是也很好奇光的反射是什么呢？接下来我们就了解一下吧！

◆ 光的反射现象

我们每天都会看到各种物体，比如早上照镜子；在上学的路上看到花草树木、建筑、行人等；在学校，我们会看书，上课会看黑板、老师。

我们之所以能看到物体，是因为有光从

物体射入我们的眼睛，可是无论是人还是书本、桌子等，他们本身都是不发光的，我们为什么能看到他们呢？这是因为他们会反射光源发出来的光。

光遇到镜子、水、玻璃、墙壁以及其他许多物体的表面都会发生反射。正是因为有了光的反射，我们才能看到这个色彩斑斓的世界。

◆ 光的反射定律

如果你站在湖边，看脚下的水，会发现水是透明的，反射不是很强烈；当你站在远处看湖面，会发现水不是透明的，反射比较强烈。这是法国物理学家菲涅尔发现的反射与视点角度之间的关系，他根据这一发现提出了光的反射定律。

光的反射定律：反射光线与入射光线、法线在同一个平面内；反射光线、入射光线分别在法线两侧；反射角等于入射角。

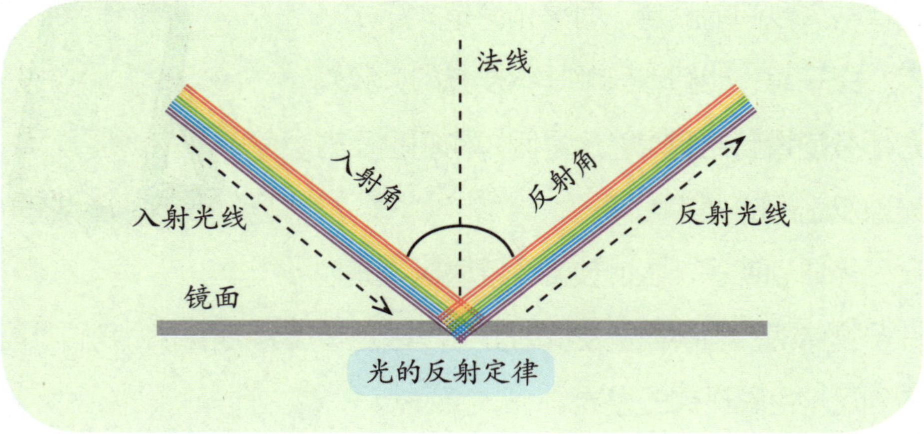

◆ 奇妙的镜面反射与漫反射

我们坐在教室里，从某个角度看黑板时，会看不清黑板上的字；但在电影院看电影，无论坐在哪个座位都可以看到银幕上的画面。这是为什么呢？因为不同物体的表面对光的反射情况是不一样的。光的反射可分为镜面反射和漫反射。

由于黑板表面比较光滑，光射到上面就会发生镜面反射，我们看黑板就感觉是“亮亮的”，甚至会刺眼，看不清黑板上的字，这就是人们常说的“反光”。而电影银幕通常由粗糙的白布做成，表面凹凸不平，会对光进行漫反射，使反射光线射向各个方向，这样每个座位上的观众就都可以看到电影画面了。

◆ 平面镜成像

平面镜成像是光的镜面反射的一个例子。那么，什么是平面镜呢？反射面为光滑平面的镜子就是平面镜。另外，平静的水面、抛光的平滑金属面、平板玻璃等也都可以看作平面镜。

当我们照镜子时，会看到镜子里有另一个自己，镜子中的自己就是成的“像”。因为镜子后面并没有物体，所以物体在镜子中所成的像是虚像。那么，我们为什么能够看到镜子中自己的虚像呢？是因为太阳光或灯光照到我们的身上，然后反射到镜面上，镜面又将光反射到我们的眼睛里，这样我们就看到了镜子中自己的虚像。

提示

擦镜子时，尽量选用柔软的棉布或纱布擦拭，不要用粗糙的毛巾等清洁工具，以免破坏镜面。

光也会折射

夏天来啦，爸爸带着浩浩去游泳馆游泳。浩浩不仅游泳游得好，还能潜水呢。

这天，他在潜水时，看向泳池旁边的爸爸，发现爸爸好像长高了。等他浮出水面，再看爸爸时，爸爸又恢复了身高。

浩浩觉得很神奇，就告诉了爸爸。

爸爸说："这其实是假象。"

浩浩不明白，说："假象？难道眼睛还会欺骗我们自己吗？"

爸爸说："其实这是光的折射造成的。"

不错，在光的折射作用下，眼睛有时候是会"欺骗"人的哦！那么，光的折射是怎么回事呢？

◆ 光的折射

如果我们从杯子侧面透过玻璃杯看杯中的勺子，会感觉勺子好像弯了一样。当我们把勺子拿出来，它又变直了。这是怎么回事呢？

原来，这与光的折射有关。当光透过空气

进入水中时，光路发生偏折，这种现象叫光的折射。当光发生偏折后进入人的眼睛，我们看水里的勺子就好像弯了一样。

生活中还有许多现象与光的折射有关，如美丽的彩虹、缥缈不定的海市蜃楼、朗朗夜空中的星光闪烁等等。

◆ 光的折射定律

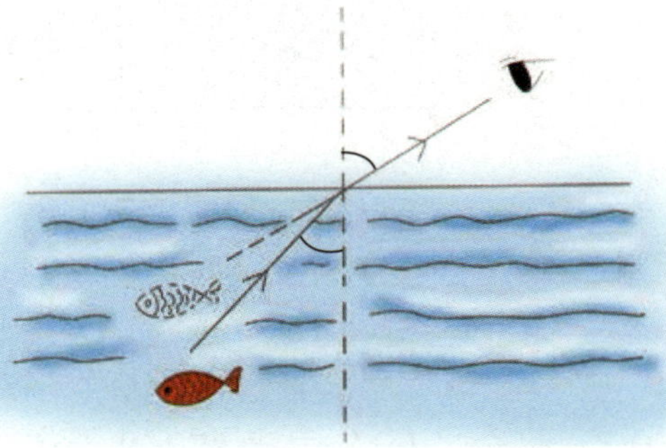

我们在岸边看水中的鱼时，有时感觉它在很浅的位置，如果按照眼睛看到的位置去叉鱼，会发现鱼根本不在那个位置。这是为什么呢？这是因为光从空气进入水中时发生折射，折射角小于入射角，导致我们看到的鱼的位置比实际位置要高。所以，想要叉到鱼，就需要瞄准鱼的下方，那才是鱼所在的真正位置。

光的折射与光的反射一样都发生在两种介质的交界处；入射光线、折射光线、法线在同一平面内；折射光线和入射光线分居法线的两侧；在相同的条件下，折射角随入射角增大而增大。当光线垂直射向介质表面时，传播方向不改变。当光从密度较小的

提示

由于光的折射作用，池水看起来比实际的浅。所以，当我们站在岸边，以为水很浅时，也不要贸然下水，以免发生危险。

介质射入密度较大的介质时，折射角小于入射角，反之，折射角大于入射角。

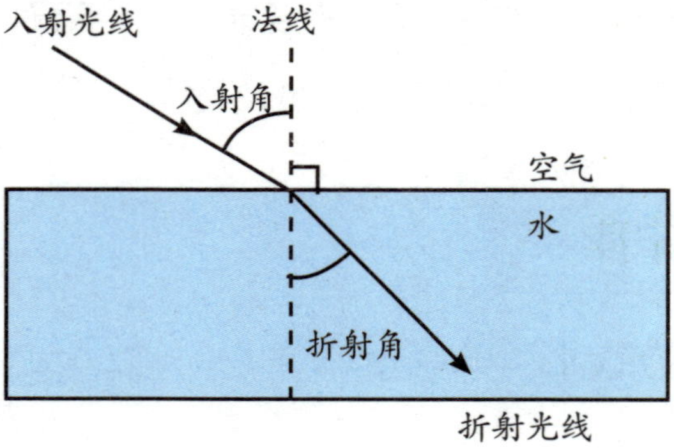

◆ 色散

我们在前面提到彩虹是太阳光通过空中的小雨滴发生色散形成的。那么，什么是色散呢？色散就是复色光被分解成单色光而形成光谱的现象。色散可以通过棱镜或光栅等作为“色散系统”的仪器来实现，如阳光穿过棱镜就可被分解为红、橙、黄、绿、蓝、靛、紫七种单色光。复色光进入棱镜后，因为它的各种色光的折射率各不相同，在通过棱镜时各种色光的传播方向就有不同程度的偏折（即折射），因而在离开棱镜后就各自分散，发生色散，形成光谱。

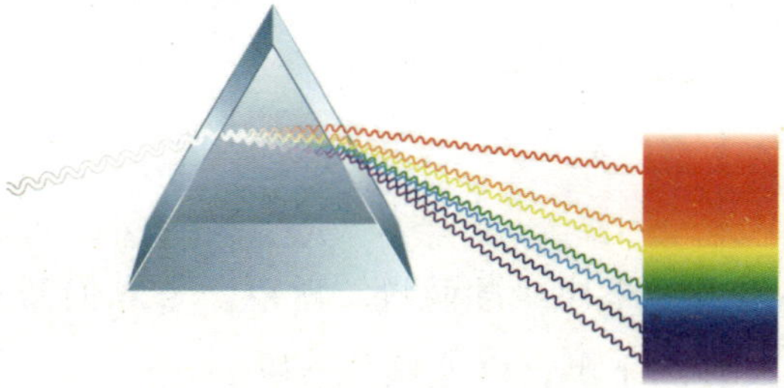

在300多年前，牛顿用玻璃棱镜做了色散实验，发现了太阳光的秘密。

海市蜃楼

在天气晴朗、平静无风的海面上，有时会浮现出一座城市，亭台楼阁完整地显现在空中，来往的行人、车马清晰可见，城市景色变化多端，然后会逐渐变得模糊并且消失得无影无踪。这种神秘的景象就是“海市蜃楼”。

海市蜃楼又叫蜃景，是光的一种折射现象。当光线倾斜地由一种介质进入另一种密度不同的介质时，光的传播速度和方向就会发生改变，从而发生折射。由于海面上的空气较冷，而高空的空气较暖，当空气温度在垂直方向分布反常时，就会引起空气密度垂直变化的反常，而光在不同密度的空气中传播会发生不同角度的折射，从而出现海市蜃楼的现象。

透镜成像

透镜是什么呢？透镜是根据光的折射原理制造的，主要有两种，一种是凸透镜，一种是凹透镜。

像放大镜这种中间厚、边缘薄的透镜就是凸透镜，照相机的镜头、爷爷奶奶戴的老花镜等都是凸透镜。而像近视的人戴的近视眼镜边缘厚、中间薄，这种透镜就是凹透镜。

如果我们把一个放大镜放在太阳下，就会发现太阳光透过放大镜汇聚于一点，这说明凸透镜对光线能起到汇聚的作用。

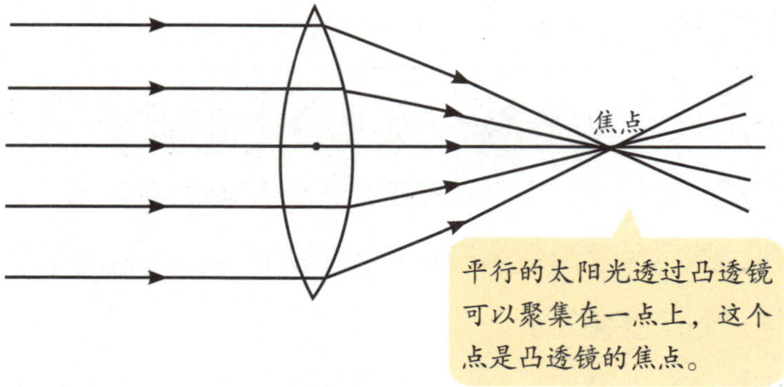

当物体到凸透镜的距离小于 1 倍焦距时，透过凸透镜所成的像是正立的、放大的虚像；当距离在 1 倍焦距和 2 倍焦距之间时，所成的像是倒立、放大的实像；当距离等于 2 倍焦距时，所成的像是倒立、等大的实像；当距离大于 2 倍焦距时，所成的像是倒立、缩小的实像。

而凹透镜与凸透镜正好相反，它对光线能起到发散的作用，只能成正立、缩小的虚像，且像与物在透镜的同一侧。

提示

当我们把放大镜放在书页中的字的上方时，由于字到放大镜的距离很短，小于1倍焦距，于是透过放大镜就形成了正立、放大的虚像，这样我们就可以看到放大的字了。

看不见的光

周末，妈妈带婷婷去商场买衣服。走到商场门口时，门自动就开了，等她们进去后，门又自动关上了。

婷婷觉得很神奇："难道有人在别人看不见的地方遥控着门吗？"

妈妈说："这是因为自动门安装了红外线感应装置，能测出人来人往。"婷婷还是不明白："红外线在哪呢？怎么看不到呢？"

原来在可见光之外，还有不可见光，红外线就属于不可见光。那么，不可见光都有什么性质和作用呢？快来了解一下吧！

◆ 不可见光

我们前面介绍的光都是可见光，是我们的眼睛能够看见的光。除了可见光，还有很多我们的眼睛无法看见的光，那就是不可见光。

虽然我们无法用眼睛看到不可见光，但是可以用光学仪器或摄影方法去度量或探测它的存在。一般人的眼睛可以感知的可见光波长范围为 400 ~ 760 纳米，还有一部分人能够感知到波长为 380 ~ 780 纳米的光。不可见光和可见光一样也是电磁波，不可见光的波长在这个范围之外，像红外线、紫外线、X 射线等都属于不可见光。

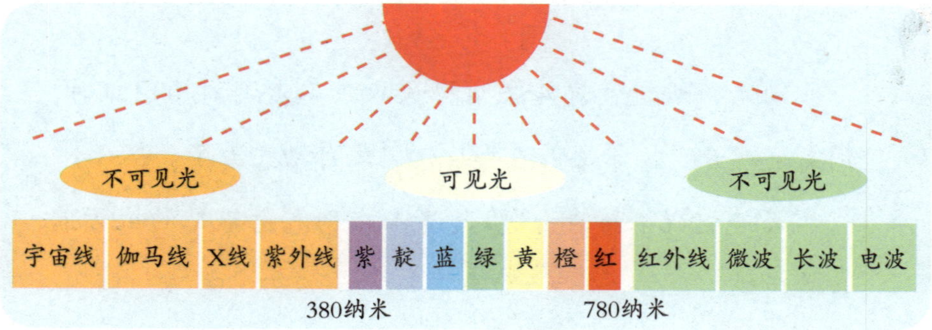

不可见光不仅处处影响着人们的生活，而且应用非常广泛。无论是在日常生活中，还是军事、医学等领域，都有不可见光的应用。

◆ 会加热会穿透的红外线

在生活中，红外线主要有两大作用：一是加热物体，如红外线烤箱等；二是用于红外遥感，如自动门、感应水龙头、红外线遥控器、红外线摄像头等。这是因为红外线产生的效应是热效应，而且穿透能力比较强。

用红外线照射物体，可使照射区域温度升高，这便是红外线的热效应。这是因为红外线容易被物体吸收而转化为内能，并以局部发热的形式表现出来。所以，红外线还可用于医疗，用它来照射人体，使人体内的微血管扩张，促进血液循环等。

很多物体都在不停地发射红外线，同时也在吸收红外线。而且物体的温度越高，辐射出的红外线越强。

◆ 威猛的紫外线

紫外线的来源主要有太阳、高温物体、气体放电等。

紫外线的化学作用很强，可以杀菌，能使荧光物质发光。适当照射紫外线还能促进人体合成维生素 D，不过过量的紫外线照射对人体有害，会使人的皮肤老化、变黑，严重者可引起皮肤癌。还好地球周围大气层上的臭氧层能够吸收一部分紫外线，从而使地球上的生物免受紫外线的伤害。高山上的太阳光辐射很强，包含着大量的红外线和紫外线，能对眼睛造成伤害。所以，登山时需要戴特制的、能吸收红外线和紫外线的墨镜，从而保护眼睛；还可以撑伞、涂防晒霜来保护皮肤。

紫外线的应用领域非常广泛，在医学、化学、生物等多个领域都有使用。例如，

紫外线可用来诱杀蚊虫，促进植物的生长。

需要注意的是，紫外线本身是不可见光，是看不见的，并不是紫色或蓝色的。那为什么杀菌用的紫外线灯会发出淡紫色的光呢？这是因为它的灯管在发出紫外线的同时，还会发出少量的蓝光和紫光。

提示

生活中我们要注意晒太阳的时间，一般可选择上午 9-10 时和下午 4-5 时，注意避开紫外线强烈的午间。夏季晒太阳以不超过半小时为佳，冬季晒太阳以 1 小时左右为佳。

◆ 具有穿透性的X射线

拍X光片的女人

X 射线也叫伦琴射线，是德国物理学家伦琴于 1895 年发现的。

X 射线的穿透能力很强，可以用于医疗诊断。通过 X 光机、X 射线，医生能够透视人的骨骼，清楚地观察到活体内的各种生理和病理现象。例如，当人们不慎摔伤之后，就会去“拍个片子”看看是不是骨折了，其实，这就是在用 X 射线照相啊！需要注意的是，X 射线是可以引起伤害的，如果频繁做 X 射线检查，可能会导致免疫力下降等问题的发生。

游戏中的科学

走直线的光

准备材料

两张长方形纸板	两张正方形纸板
一支铅笔	一个手电筒

操作步骤

01 用铅笔分别在两张正方形纸板中心扎一个小孔。

02 将两张长方形纸板从两边向中心对称折叠，在中间开一个长切口，以支撑正方形纸板。

03 将两张长方形纸板立起来，上面放好正方形纸板，前后间隔摆放，让两个小孔保持在一条直线上。

04 关闭屋内的灯，拉好窗帘。

05 打开手电筒，将手电筒对准前面的小孔，观察后面小孔的光线情况。

06 将第二块正方形纸板移动位置，让两个小孔不在一条直线上。

07 再用手电筒对准前面的小孔，观察后面小孔的光线情况。

实验结果

第一次照射时，光线穿过了前后两个小孔。第二次照射时，后面的小孔没有光线穿过。

科学揭秘

光在空气中沿直线传播，第一次用手电筒照射前面小孔时，因为两个小孔在一条直线上，所以光线可以穿过前后两个小孔照射出去。第二次用手电筒照射前面小孔时，因为两个小孔没有在一条直线上，光线是沿前面小孔所在的直线传播的，所以后面的小孔没有光线穿过。

我们是如何看到物体的

准备材料

一张黑色硬纸板	一块小木板
一个手电筒	一把剪刀
一面镜子	

操作步骤

01 将黑色硬纸板从两边向中心对称折叠，然后在一面剪三条垂直的细缝。

02 将黑色硬纸板铺在木板上，将镜子斜靠在与三条细缝相对的一面上。

03 遮挡射入室内的所有光线，让房间变得黑暗。

04 用手电筒照射黑色纸板的有细缝一侧。

实验结果

照在镜子上的光线被平行反射回黑色纸板上。

科学揭秘

手电筒射出的光线通过黑色硬纸板的三条缝隙垂直照射到镜子上，因为镜子表面十分光滑，所以光线被原路反射回来。当光线照射到一个相对粗糙不平的物体上时，光线就不可能以平行的方式被反射回来，而是相互交错。

正反闹钟

准备材料

一个闹钟	两面小镜子

操作步骤

01 将一面镜子放到桌上。

02 将闹钟放到桌上的镜子前，观察镜子里的闹钟。

03 将另一面镜子也放到桌上，与上一面镜子呈直角摆放。

04 观察第二面镜子里的闹钟。

实验结果

第一面镜子里的闹钟是反的，第二面镜子里的闹钟是正的。

科学揭秘

将物体放在镜子前，因为光线碰到镜面时发生了反射，形成了一个相反的图像，所以第一面镜子里的闹钟是反的。当我们在桌上再放一面镜子，且与第一面镜子呈直角，那么第二面镜子就可以反射第一面镜子里的图像，所以第二面镜子里的闹钟就变成正的了。

胳膊上的字

准备材料

一瓶无色的清洁剂（含荧光剂）	若干棉签

一台紫外线灯	

操作步骤

01 露出胳膊，用蘸有清洁剂的棉签在上面写字。

02 写好后，等待一小会儿。

03 确认胳膊上的水迹已干，看不见字迹。

04 打开紫外线灯，将写有文字的胳膊放到灯光下。

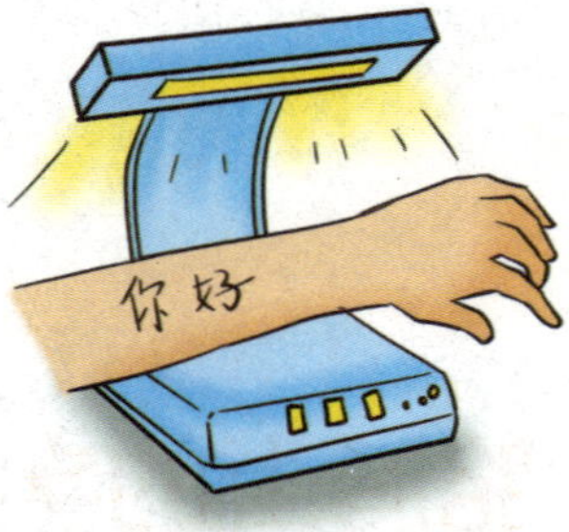

实验结果

你会看到胳膊上的字迹清清楚楚地显现出来，还发着光。

科学揭秘

荧光剂是一种复杂的有机化合物，它能吸收紫外线并产生蓝色的可见光。我们将含有荧光剂成分的无色清洁剂涂在胳膊上，已经形成了可见光，但因为太阳光的反射光太多，所以我们看不见荧光剂反射的可见光。将写有文字的胳膊放到紫外线灯的灯光下时，由于紫外线能使荧光物质发光，所以我们就能看清楚胳膊上的文字了。

变短的汤匙

准备材料

一个汤匙	一桶水

操作步骤

01 将水桶水平放好。

02 拿好汤匙，对准水桶的中央位置。

03 将汤匙垂直插入水桶中。

实验结果

没入水中的汤匙变短了。

科学揭秘

光在空气中是沿直线传播的，但从一种介质斜射入另一种介质时传播路径会发生偏折，进而产生折射和反射现象。如果是在两种介质的交界处，就会同时发生折射和反射。插入水中的汤匙反射了太阳光，但光线穿过水面时发生了折射，我们看到的汤匙顶端比实际位置更靠上，所以汤匙看起来变短了。

化学的魔法

化学是一门研究物质是什么以及如何发生反应与变化的科学。在我们的日常生活中，化学无处不在。当我们吃大米和蔬菜的时候，胃里就会发生消化化学反应。当我们点燃蜡烛时，就会发生燃烧化学反应。从烟花绽放到植物光合作用，都是化学反应带来的奇迹。

下面，让我们一起走进化学世界，探索它的奥秘吧。

什么是化学

有一天，菲菲盯着家里的古画看了起来。突然，她发现古画虽灰黄老旧，但上面的印章却鲜红，像新盖上去的一样，这是什么原因呢？

菲菲跑去问爷爷，爷爷说：“这是因为古时候的颜料大多使用了铅白，时间久了，发生了化学反应，生成新的物质，而印泥是用朱砂和麻油搅拌而成，在空气中不容易发生化学反应，所以保持了原有的红润和鲜艳。”

“哇，真神奇！”菲菲感叹道，但她还是不知道什么是化学。你想跟她一起了解一下吗？

◆什么是化学变化

我们生活的世界是不断发生变化的。水在烧开之后变成水蒸气，瓜果由生变熟，铁栏杆渐渐生锈，打雷下雨，电灯发光……这么多样的变化可以分为物理变化和化学变化。

听起来很深奥，但道理很简单。

物理变化可以理解为事物本身的状态发生的变化，如金块熔成金水、铁水铸成锅等，并不产生新物质。而化学变化是有其他物质生成的变化，如放出气体、颜色改变或者生成沉淀等，而且还伴随着吸热、放热、发光等能量的变化。

化学变化在我们人类的世界中有着广泛的应用。例如，我们可以通过控制化学反应条件合成新材料，如金属、陶瓷、高分子材料等。这些材料在机械、电子、通信、航空航天等领域有广泛应用。

注意观察一下，物质混合前后是否释放出气体，以及是否有发光、发热、颜色变化现象出现。

◆化学变化与物理变化的特性

物理变化没有新物质产生，只是物质的状态发生了变化，物理变化过程中常常伴随体积、形状、温度的变化，以及气态、液态、固态间相互转化等。例如，汽油挥发、水结成冰、石蜡熔化等。

化学变化有新物质产生，例如煤燃烧、铁生锈、食物腐败等。

有化学变化一定有物理变化，但有物理变化不一定有化学变化。两者的区别是，物理性质在静止状态中就能表现出来，而物质的化学性质则要在物质运动状态中才能表现出来。

◆万能的元素周期表

世界上的物质虽然极其复杂，但构成物质的原子是有限的。那么原子该怎么划分和排列呢？秘诀就在于原子核。

原子由原子核和电子组成。原子核是原子中心的一个特殊区域，其质量占整个原子的绝大部分。原子核是由质子和中子组成的。每个质子带有一个正电荷，中子不带电荷，因此整个原子核所带的电荷数就等于质子数，也称为原子序数。

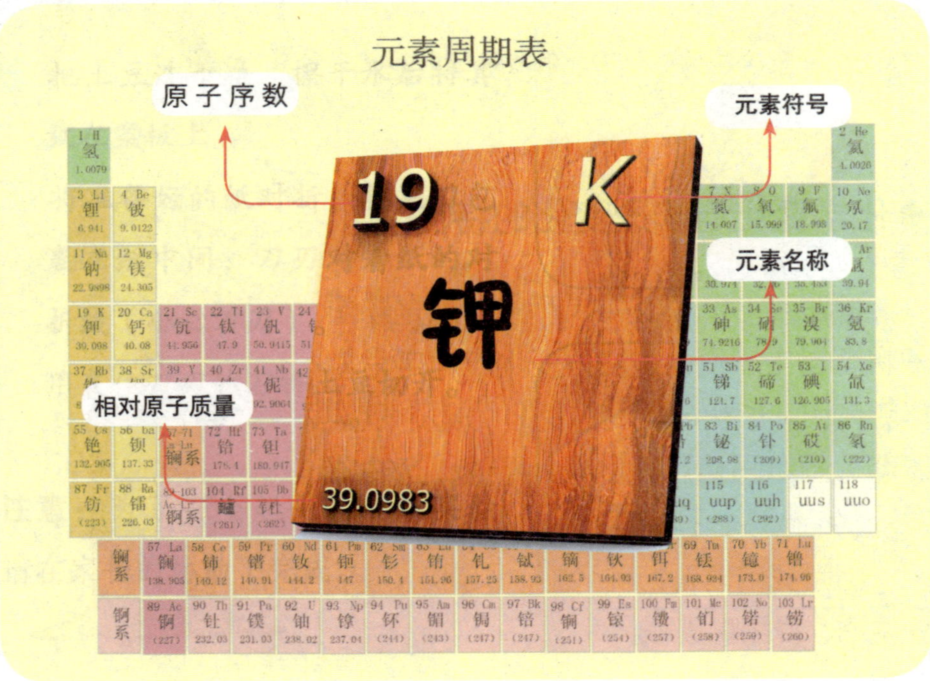

元素周期表就是按照原子核电荷数从小到大排列，显示出不同元素的原子结构和性质。它帮助科学家预测元素性质，发现新元素，以及研究原子结构。

提示

元素周期表是 1869 年俄国科学家门捷列夫首创的，他将当时已知的 63 种元素按照原子量大小以表的形式排列，把有相似化学性质的元素放在同一行，这就是元素周期表的雏形。

◆ 生活中的物质变化

物质变化和我们的生活息息相关，我们的身体就像一个复杂的“化学加工厂”。例如我们在吃饭时，食物进入口腔通过牙齿咀嚼发生了物理变化。嚼碎的食物进入肠胃，在消化腺分泌物的酶解作用下，变成易于吸收的小分子结构。还有冬天外面的小水珠受冷之后变成冰；烧水时，水被加热到沸腾后会产生大量水蒸气，水蒸气又会变成小水珠，贴在壶壁上。

食物中的化学

这天，面包店里打折，张牧妈妈买回来了各种各样的面包。张牧伸手拿面包，忽然他发现面包里有很多密密麻麻的小洞，他好奇地问道：“妈妈，为什么面包里有这么多小洞，是做面包的人偷工减料了吗？”妈妈笑着解释道：“当然不是，这是因为面包在发面的时候加入了发酵粉，发酵粉与面团发生了奇妙的化学反应，产生很多气体，从而让面包里有了这么多小洞。”

“啊，原来如此！”

“其实，不仅是发酵粉，在小小的厨房里，藏着的化学反应可多着呢！”妈妈故作神秘地说。

◆谁在面包里留下了小洞

我们吃面包时，会看到面包里有许多小洞，这些小洞是怎么形成的呢？原来，面包里的小洞是二氧化碳的“家”，它们是在发面的时候出现的。要想让小面团变为松软可口的大面包，需要一种必不可少的神奇粉末——发酵粉，也就是小苏打，其主要成分是碳酸氢钠。

发酵粉拥有使面食变松软的本事，所以你也可以叫它“膨松剂”。膨松剂在食品制作中占据着相当重要的地位，馒头、蛋糕、油条等食品的特征是像海绵一样有着许多小孔，所以口感酥松柔软，这都是膨松剂的功劳。生活中常见的塔塔粉、泡打粉都属于膨松剂。

◆炒菜为什么用铁锅

铁是人体必需的微量元素，可以帮助血红蛋白分子吸收和释放氧气。没有它，血红蛋白分子就丧失了“拽住”氧气分子的能力，人就会因此贫血。铁锅烹饪菜肴可以提供大量铁元素，预防缺铁性贫血。所以，我们最好用铁锅烹饪菜肴。

◆馒头为什么越嚼越甜

我们吃馒头的时候也许会发现一个现象，馒头本来是无味的，但是在嘴里嚼来嚼去反而会变甜。为什么会这样呢？这是因为我们在咀嚼馒头或米饭的时候，它们中的淀粉遇到唾液里的淀粉酶发生了反应。

酶是一种特别的蛋白质，对部分化学反应有着催化作用。在常温条件下，淀粉酶可以使淀粉很快分解为结构简单的麦芽糖。麦芽糖是一种碳水化合物，甜度大概是蔗糖的三分之一。正是因为淀粉被分解为麦芽糖，我们嚼馒头或米饭的时候才会越嚼越甜。

提示

很多小朋友喜欢喝饮料，但饮料中含有大量的糖分和添加剂，特别是碳酸饮料，其主要成分是咖啡因、白糖、香料和人工色素等物质，喝太多会对身体造成危害，比如会导致肥胖、糖尿病等问题，建议少喝或者不喝饮料。

生活中的化学小妙招

“啊！蟑螂！”正在厨房洗水果的小飞被突然出现的蟑螂吓得喊叫着跑了出来。

爸爸应声而来，“哦，原来是蟑螂啊，没关系，人与它的斗争从来就没有停止过。你知道吗，我们生活中有一样很常见的东西就是蟑螂的克星！”爸爸自信满满地说。

“那是什么呢？”

“肥皂水！蟑螂腹部的油脂一碰到肥皂水就会溶解，盖住蟑螂的气孔令它无法呼吸，大约十秒就不动了，比杀虫剂还有效呢。”

小飞长舒一口气，“原来如此，学到了，学到了！”

其实很多生活小麻烦都可以用化学的方式去解决呢。

◆用盐来除雪

冬天，大雪过后，我们的城市总是会被积雪厚厚地覆盖上，堆雪人、打雪仗，景色虽然无比美妙，但清洁工人要扫掉这些雪也是一项非常艰巨的工作，有没有什么办

法，不用费太多的力气就能把积雪除掉？

当然有，那就是撒盐！因为，盐溶液的冰点比水低。当加入盐后，混合的溶液中钠离子和氯离子分散在水中，形成均匀的溶液。

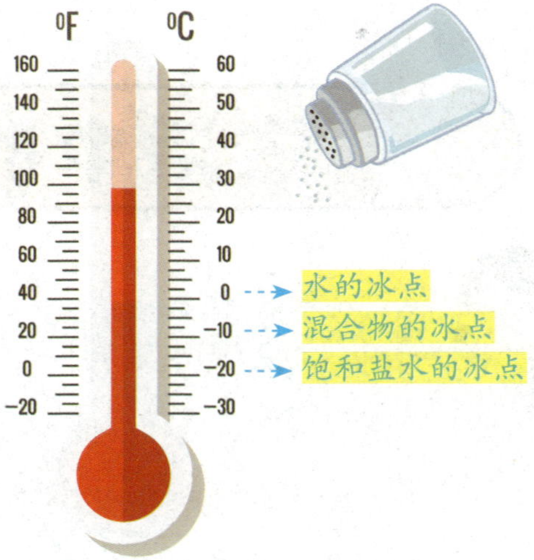

这种溶液的冰点低于水的冰点，因此当温度降低时，混合的溶液不会结冰，而是继续保持液态。这使得雪在接触到盐溶液后逐渐被溶解，从而减少了雪的厚度并使其易于流动。除了盐之外，其他任何能够降低水的凝固点的物质都可以起到这个作用，如氯化镁、氯化钙、醋酸盐类等。

◆牙膏去茶渍

茶杯用久了，总是会积累许多茶渍，我们可以用牙膏去除。牙膏为什么能去除茶渍呢？因为牙膏中的主要成分研磨剂能

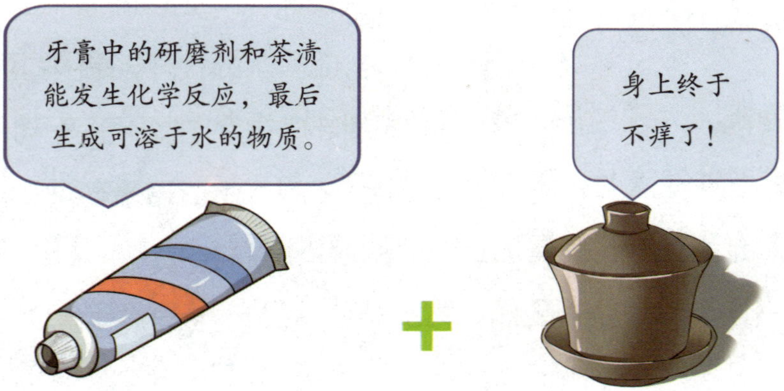

轻松地“磨”掉牙齿上的污渍、食物残渣、细小的结石、牙菌斑等污垢，而且牙膏还有一定的湿润和清洁作用。因此，小小的茶渍根本难不住它。

◆用水果解酒

逢年过节，家人们总喜欢饮酒庆祝，但饮酒过量会很不舒服，面颊发热、发红，头晕且站立不稳。这个时候，如果吃一些杨桃、杨梅、草莓等有酸味的水果就能帮助喝醉的人解酒。这是因为水果里含有机酸，苹果里含苹果酸，柑橘里含柠檬酸，葡萄里含酒石酸，等等。而酒的主要成分是乙醇。有机酸能与乙醇相互作用生成酯类物质，从而达到解酒的目的。

另外，能够解酒的水果还有很多。比如，西瓜具有利尿的作用，可加速酒精通过尿液排出体外；另外，西瓜还具有清热去火的作用。

安全问题与化学

夏日午后，烈日炎炎。爸爸和小奇从游泳馆里出来准备回家，两人刚走到车门旁，就听到车内发出了响亮的爆炸声。两个人都吓坏了，连忙打开车门查看，原来是留在车里的打火机爆炸了。

“天哪，太可怕了，幸好我们没在车里，要是着火就更糟了！”爸爸心有余悸地说。

原来，打火机里面填充的是液化后可燃性气体，在温度很高的空间内，有发生爆炸的可能性。

小朋友们，在我们的生活中，与化学息息相关的安全问题还有很多，我们一起来学习一下吧。

◆粉尘爆炸真可怕

小朋友们，你知道吗？刚刚生产出来的面粉不像我们买到的面粉那样是干的，它们其实是湿润的，这是工厂为了避免面粉飞到空气中带来粉尘爆炸的隐患而采取的措施。

面粉爆炸指的并不是面粉自己爆炸，而是指当空气中的面粉达到一定浓度，并且遇到了明火时才会发生爆炸。

粉尘爆炸的现象其实不只有面粉会发生，那些易燃烧的其他粉尘，如硫黄、铁粉、镁粉等，都会发生粉尘爆炸。

容易爆炸的七类粉尘

◆一氧化碳中毒

过去，人们冬天烧炉子取暖的时候没注意通风，就会吸入太多的一氧化碳造成缺氧，导致一氧化碳中毒。一氧化碳一般是由于碳不完全燃烧而产生的。

当人吸气时，氧气会由呼吸道进入肺，随后进入血液，与血液所含的血红蛋白接触并形成氧合血红蛋白。氧合血红蛋白会将氧输送到身体各处。

相比于氧气，一氧化碳与血红蛋白的结合力更高，会代替氧气与血红蛋白结合。这样一来，血红蛋白便无法将氧输送到人体各处，导致人体缺氧，也就造成了一氧化碳中毒。一旦发现有人煤气中毒，我们应该立即打开门窗，尽快将患者安置到空气流通的地方。

◆易燃易爆的酒精

酒精是一种常见的有机化合物，是乙醇的俗称，它具有强烈的刺激性气味，是一种无色透明易燃的液体，广泛用于医疗、消毒用品、饮料制品等，是家家户户常备的消毒神器。

但是，当酒精存放在不恰当的位置时，会引发火灾或爆炸。因为酒精是易燃易爆的液体，遇到明火或静电火花等可引发燃烧或爆炸。因此，家中的酒精不要放在阳台、灶台等热源环境中，也不能放在电源插座附近及墙边、桌角等地方，防止误碰倾倒。应该将酒精避光存放在阴凉处，存放时要盖紧盖子，贴好标签，避免挥发。如果酒精不小心泄漏导致起火，可以用湿布盖住致使火焰缺氧而熄灭。

总地来说，为了确保安全，在使用酒精时需要格外注意。特别是在实验室使用酒精时，一定要按照规定进行操作，不要用嘴吹灭酒精灯的火焰，用灯帽多盖两次即可熄灭。

游戏中的科学

奔涌而出的岩浆

准备材料

三个带盖的空矿泉水瓶	一袋小苏打粉
适量醋	一把勺子
一袋玉米粉	一枚大头针

操作步骤

01 向三个空矿泉水瓶里倒入醋，以醋到瓶的一半为界。

02 向第一个瓶中倒入一勺玉米粉。

03 取两个瓶盖，用大头针在上面扎几个小孔。

04 用勺子向三个瓶盖里分别倒入一点儿小苏打粉。

05 将一个扎孔的瓶盖盖在装有玉米粉的瓶子上，另外两个瓶盖也分别盖好。

注意：为了安全起见，这个实验请在家长的协助下完成。

实验结果

装有玉米粉的瓶子先有气泡冒出，最终你会看到瓶盖被顶开，流出黏稠的液体。另外一个瓶盖上扎有小孔的瓶子有液体喷出。没有扎小孔的瓶盖被弹开，液体流出。

科学揭秘

第一个瓶子有气泡冒出，是因为小苏打和醋混合后产生了气体，气体喷出就会带出液体。火山喷发也是如此，在地球的深处，温度很高，那里的岩石都被熔化成了液体，叫作岩浆。因为热熔岩中含有大量气体，所以喷出时带出了液体状态的岩浆。岩浆如果不黏稠，就会流出或喷出；如果过于黏稠，就会堵住火山口。

用食醋去水垢

准备材料

一个有水垢的水壶	一个小杯子	一瓶食醋

操作步骤

01 取适量食醋，倒进小杯子里。

02 将杯子里的食醋倒进水壶中。

03 静置一段时间，再用力摇晃。

04 稍微加热一下。

实验结果

水壶里的水垢逐渐溶解了。

科学揭秘

在加热的条件下，水垢与食醋接触之后，醋中的醋酸与水垢中的碳酸钙发生反应，生成醋酸钙，而醋酸钙可以溶于水。这样，水垢就可以清除了。

改变衣服的颜色

准备材料

一件带颜色的旧T恤	几根塑料绳
一瓶漂白剂	一副橡胶手套
一个塑料盆	适量水

操作步骤

01 将带颜色的旧T恤拧成圆柱状，用塑料绳将其紧紧地捆起来，多捆几圈。

02 向塑料盆中倒入漂白剂，并加入少量水稀释一下。

03 戴上橡胶手套将捆好的衣服放入盆中，浸泡半小时左右，将衣服从盆中拿出。

04 解开绳子，将T恤展开晾起来。

实验结果

衣服的颜色发生了很大变化。没被绳子覆盖住的部分都褪色了，只有被捆住的部分还保留着原先的颜色。

科学揭秘

漂白剂之所以能将带颜色的衣服漂白，是因为其具有很强的分解作用。当它与衣物中的染料相遇时，很容易将染料分解，于是衣物就会褪色。但塑料的化学性质比较稳定，再加上游戏中的塑料绳捆得很紧，漂白剂无法与之发生反应，衣服被塑料绳捆住的部分就被“保护”起来了，所以不会褪色。

提示

漂白剂可以使衣服褪色，而染料可以给衣服染色。染色就是使染料通过化学或物理化学方式结合在织物纤维上，其过程基本上要经过表面吸附、内部扩散、染料固着三个阶段。首先把纤维织物浸入染液中，染料很快被吸附到纤维外表上，然后向纤维内部扩散，直到纤维上染料浓度与染液中染料浓度达到平衡，最后固着在纤维上。知道了染色的原理和过程，我们就可以通过漂白剂和染料改造自己的衣服了。

奇妙的力学

我们的生活处处都有力的存在，例如摩擦力可以帮助我们行走；弹力能够让弹弓将小石头弹出去；重力则会使抛出的物体最终落到地面上……

这些看不见又摸不着的力应用在我们生活的各个领域，是我们日常生活和工作中的强大助手。

下面，让我们一起走进力学的世界，揭开它神秘的面纱。

什么是力

放学后，健健在操场上与小伙伴们踢足球。

“接球。”明明闻声竭尽全力接住来球。

“传给我！”健健看到一个机会，冲明明喊了一声。明明迅速将球传给了身后的健健。健健接球后，用力踢了一脚，足球在空中划出一条优美的弧线，稳稳地飞入球门。

小伙伴们的眼睛都亮了起来，纷纷感叹足球还可以拐弯。不过，他们都没弄明白究竟是什么魔力让足球拐弯了。为了给大家解惑，博学的健健讲起了力的基础知识。

◆ 力的基本概念

当我们在拉箱子时，会感觉很吃力，手臂还会感到紧绷，这其实是力在发生作用。那么力是什么呢？力是物体对物体的相互作用，虽然它看不见、摸不着，但它时时伴随着我们。当我们拔河、骑车时，就连一不小心摔倒时，都会感受到力的存在。

力的大小、方向和作用点决定着力对物体的作用效果。力不能脱离物体而单独存在，发生作用的两个物体，一个是施力物体，另一个是受力物体。

力的作用

提示

在国际单位制中，力的符号为 F。力的计量单位为牛顿，简称“牛”，符号为“N”，是为了纪念英国物理学家牛顿而命名的。

◆拐弯的足球

力可以改变物体的形状，使它发生形变。例如，厨师揉面时，在力的作用下，面团的形状不断发生改变，面团会逐渐变得光滑、有弹性，从而制作出口感好的面食。

力除了可以使物体发生形变外，还可以改变物体的运动状态。

足球拐弯的奥秘也正是如此。足球在空中飞行的时候，它会受到推力、重力、阻力和空气摩擦力等的影响。由于足球两侧空气流

动速度不一致，从而使得足球所承受的压强也有所不同，被迫向着空气流速较大的一侧偏转、上飘或下落。这样，足球就能够在空中划出弧线，拐个弯飞进球门了。

“风吹草低见牛羊”这句诗同样说明：力不仅可以改变物体的形状，还能使其运动状态发生改变。因为风处于运动状态，具有强大的动能，风对草施加了力，草低下了“头”，说明草的形状和运动状态都发生了改变，于是草丛中的牛羊便露出来了。

◆有趣的相互作用力

我们提水桶时，明显感受到手会受到水桶向下的拉力。可见，当手对水桶施加力的同时，水桶也会对手施加力的作用。我们用力拍桌子，手会感到疼痛，也是因为力的作用是相互的。手对桌子施加力的同时，桌子也对手施加力。

还有一个有趣的例子。我们在划船时，要使船向前移动，就要用力向后划水。水可以通过船桨推动小船向前行走就是利用了力的相互作用，即用手向后划桨的同时，桨给了水一个向后的推力，水则给了桨一个向前的反推力，进而推动船向前运行。

提示

在划船的过程中，一定要穿上救生衣，并要有大人的陪同，不可私自游玩。

弹性形变产生的力

星期日，鹏鹏和爸爸计划去公园游玩。去公园的路上，他们看到很多小朋友正在兴高采烈地玩皮球。小朋友轻巧地将球扔到地上，球迅速弹起，然后再次降落到地面上。这个景象让鹏鹏十分不解，便问爸爸："为什么球会弹起来呢？"

爸爸解释说："这得多亏了弹力，弹力就像是球的'能量'，当球被压缩或者拉伸的时候，它会蓄积能量，能量释放出来的时候，球就弹起来了。"

鹏鹏听完之后恍然大悟，原来弹力如此神奇。

◆ 弹力的概念

相信很多小伙伴都玩过弹簧，我们按压一个弹簧，弹簧就会变短，松手后，弹簧会迅速恢复原来的长度。

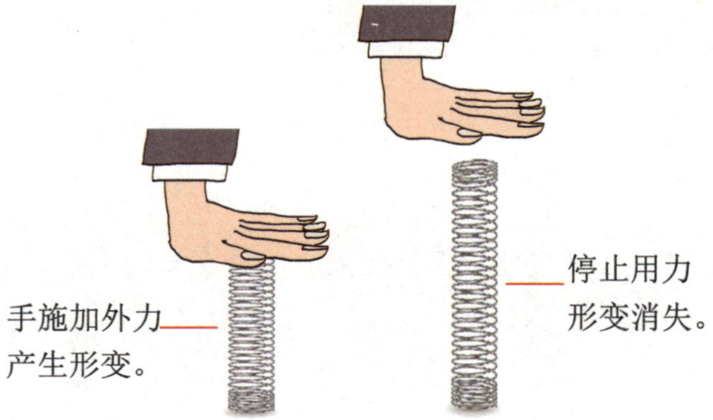

还有我们在电视上看到的撑竿跳高比赛，运动员将撑竿压弯松手后，就可以利用撑竿的弹性产生弹力跳起来。

以上例子都有一个共同点，就是物体产生了形变。人们将物体发生弹性形变而产生的力称为弹力。我们通常所说的压力、支持力、拉力和浮力等都属于弹力。

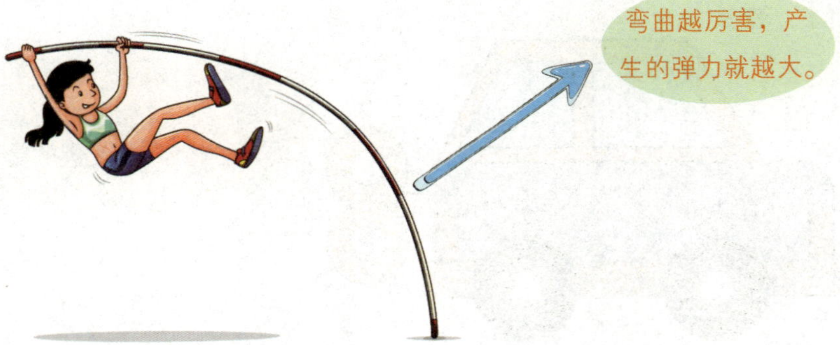

提示

撑竿跳高应用了弹力原理。当撑竿弯曲发生形变时，是力发挥了作用。运动员能够利用撑竿在形变时产生的弹力跳起来。当撑竿的弯曲程度减小时，弹力也会减小。当运动员越过横杆并推开撑竿后，重力开始产生作用，使他向下运动。

◆ 弹力随随便便就能产生吗

弹力可不是随随便便就能产生的，产生弹力必须满足一个条件，即两个物体必须相互接触，而且还要发生弹性形变。弹力的大小与形变有关，物体的形变越大，产生的弹力就越大，反之就越小。另外，物体的弹性并不是无限大的，有一定的限度，超过这个限度，物体就不能恢复原来的形状。

比如发条玩具。当我们给玩具上发条的时候，就会给玩具内部的弹簧提供能量，玩具动起来的过程就是消耗这种能量的过程，当弹簧恢复到它的原始状态时，玩具就停了下来。

◆ 神奇的弹性和塑性

弹簧和撑竿在受力时会发生形变，不受力时又恢复原状，这就叫弹性。如果物体发生形变后不能自动恢复到原来的状态，这就叫塑性。如橡皮泥用手一捏，就会凹陷，放手后橡皮泥不能恢复原来的形状，橡皮泥所具有的就是塑性。

弹性在我们生活中应用很广泛。例如，弹力绷带就具有弹性，主要用于外科包扎护理，对加快患者创面愈合具有一定的辅助作用。

还有我们在游乐园玩的碰碰车，边缘装有一条非常有弹性的橡胶圈，当碰撞发生时，橡胶圈可以有效地减轻冲击力，达到“以柔克刚”的目的，从而降低碰撞的剧烈程度。

塑性同样有着广泛的应用，特别是在工程材料上，如塑料、铜、低碳钢等具有塑性性能的材料，抗冲击、抗振动的能力很强，能够加工成各种复杂形状，适应各种环境。

提示

我们在玩碰碰车时，一定要系好安全带，这样能够在碰撞时有效保护身体。

吸引物体落下的力

小丘一家来到了一帘美丽的大瀑布前，这是小丘第一次近距离欣赏瀑布的壮丽景象，实在是太震撼了。随后他便产生了一个疑问：为什么瀑布能够从那么高的地方流下来呢？

小丘想着想着，忍不住开口问了爸爸。

爸爸解释道："你听说过重力吗？重力是地球对物体产生的一种吸引力。简单来说，就是让物体朝着地面下落的力量。水流从高处落下形成了瀑布，正是因为重力在起作用。"

小明："哇，原来是重力在拉着水流往下落啊！"

◆ 重力

我们将篮球抛向空中，不一会儿，篮球会掉在地面上；撒开的渔网最终会飘落到水里；被打飞的高尔夫球最终会落在地上；向空中抛

出的石块，最终也会落向地面。

这些现象都是重力在起作用。重力也有方向，总是竖直向下的，通常用字母 G 表示。地球附近的所有物体都受到重力的作用，如果没有重力，那一切物体都会飘浮在空中，不会落到地面上。

重力的大小和物体的质量相关，一个物体的质量越大，它所受的重力也就越大，即物体所受重力的大小与物体的质量成正比。

提示

地球把所有的物体往地面上吸引，这种吸引物体的力量就叫重力。由于重力始终存在，所以在地球上任何地方的物体都不会无故飞到宇宙中去。

◆ 什么是重心

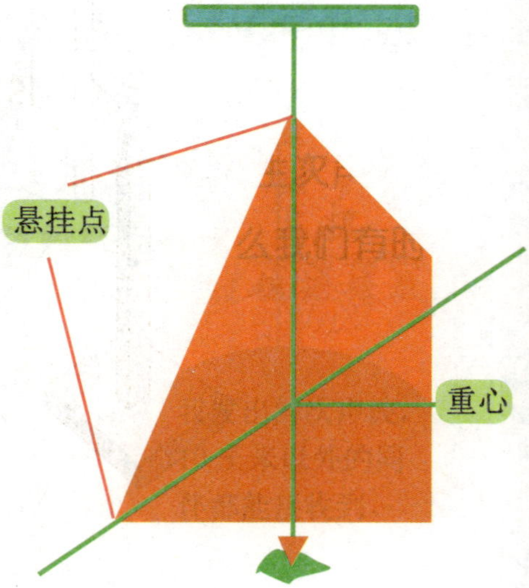

对于整个物体来说，重力作用的表现就好像它作用在某一个点上，这个点被称为物体的重心。

重心的位置与物体的形状有直接关系。对于形状规则的物体，它的重心就位于中心点，如一根粗细均匀的直棒的重心，就在直棒的中点；规则球体的重心就在球心，规则的正方形薄板的重心就在两条对角线的交点等。

不规则物体的重心，可以用悬挂法去查找。例如我们用一根细线，系在不规则的物体的一个点上悬挂起来，物体静止后从悬挂点向下画一条竖直的线。接着，再找一个点悬挂，画出第二条竖直的线，两条直线的交点就是这个不规则物体的重心。

◆ 不倒翁屹立不倒的原因

不倒翁是儿童玩具之一，它总能在被推倒后自动站起来，不管怎么努力都无法将其扳倒，真是太神奇了！为什么不倒翁可以屹立不倒呢？是有什么魔法支撑着它吗？

无论用什么材料制成的不倒翁，它下半

部分都非常沉重，而上面的一部分相对较轻。而且都是采用上窄下宽的结构，使其重心较低，一旦偏离平衡位置，重心就会升高，重力就会“拉着”重心回到平衡状态。因此，不管我们怎样摇摆，不倒翁总是不会倒的。

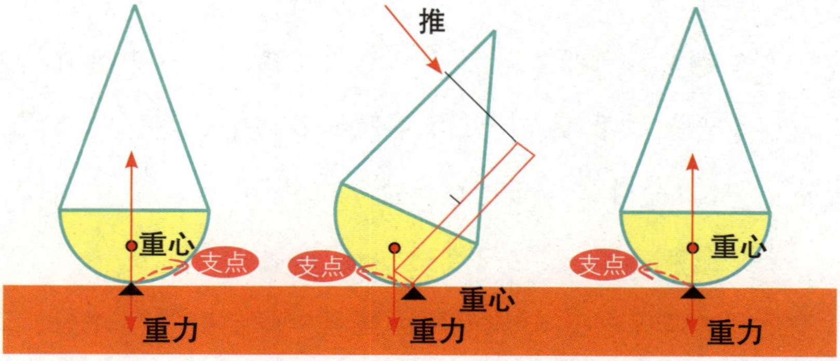

对不倒翁施加推力，重心就会转移到支点的一侧，在重力作用下不倒翁又回到了平衡状态。

◆ 伟大的万有引力定律

万有引力定律是由著名科学家牛顿提出来的。这可是个伟大的发现哦，据说，牛顿在一棵苹果树下休息，一个熟透了的苹果恰巧掉在了牛顿的脑袋上。牛顿想：苹果为什么不向上跑而向下落呢？这个疑问促使他进行了一系列研究，最终发现万有引力定律。

阻碍运动的力

星期六，巧巧发现爸爸正在厨房磨菜刀。但她奇怪的是，爸爸一边磨刀，一边还不断往刀刃上浇水。巧巧问爸爸：“磨刀的时候，为什么要浇水呢？”

爸爸回答说：“刀刃和磨石摩擦时，会产生热量。热量使得刀刃变热，影响刀刃的硬度和锋利程度。这时，加水既可以降低刀刃的温度，又能形成润滑层，减少摩擦力，让磨刀过程更加顺畅，减少刀具的磨损，从而使磨刀的效果更好。”

巧巧听了恍然大悟，感叹摩擦力的神奇。

◆ 什么是摩擦力

人类很早就开始利用摩擦力。原始社会时期，人们利用摩擦力进行钻木取火。后来，人们还发现铁与石相互碰撞也能产生火，人们由此发明了早期的“打火机”——火镰。

摩擦力就是两个物体表面接触时产生的一种阻碍物体间相对运动的力。例如我们把手放在桌面上向前推，很明显可以感受到阻碍手前进的力，这就是摩擦力。

那么摩擦力的大小与什么相关呢？

第一，接触面的粗糙程度。接触面越粗糙，物体间的摩擦力越大，反之越小。比如，香蕉皮的表面光滑，它的摩擦力就很小。人踩到香蕉皮后，脚失去摩擦力向前滑，身体重心却不会前移，导致人摔倒在地。

第二，压力的大小。压力越大，摩擦力越大；压力越小，摩擦力越小。比如，人踩到香蕉皮上易摔倒，但一头大象踩到香蕉皮上就很难摔倒。

提示

摩擦力的方向总是和物体运动的方向相反。

◆ 摩擦力“家族”

摩擦力有一个庞大的家族，在我们的日常生活中无处不在。可以分为静摩擦力、滑动摩擦力和滚动摩擦力。

静摩擦力是两个相互接触的物体将要发生而尚未发生相对运动时产生的摩擦力。例如：杂技表演中的爬杆，杂技演员双手紧握细杆，用力把身体提上去。这时候，手和杆之间就会存在静摩擦力，保证杂技演员握住了杆向上攀爬。

滑动摩擦力是一个物体在另一个物体表面滑动时，会受到另一个物体阻碍它滑动的力。当我们在平滑的地板上跑步时，会发现有一股力量阻碍着我们，因为地板表面与脚之间存在滑动摩擦力。滑雪时，滑雪板在雪面上滑动，也属于滑动摩擦。

滚动摩擦力是指一个物体沿另一物体表面滚动时产生的摩擦力，足球、篮球、网球、皮球等球体在地面上滚动时，与地面之间就会产生滚动摩擦力。

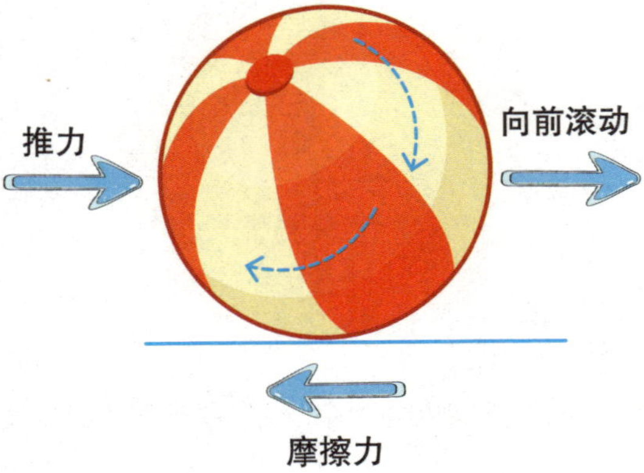

◆ 摩擦力也分好坏

摩擦力对我们的生活既有有利的一面，也有不利的一面。

对我们有用的摩擦力，要加以利用。例如，我们之所以能够在地面上跑步、走路，是因为鞋子和地面之间产生了摩擦力，鞋底一旦被磨得光滑，便很容易让人跌倒。鞋底上的条纹不仅仅是为了美观，更重要的是增大鞋底和地面的摩擦力。

鞋底上的条纹具有增大摩擦力的作用。

我们需要根据具体情况，采取相应的方式增大摩擦力或者减小摩擦力。比如，在轮轴上加润滑油可以减小摩擦力，使车子行驶得更加顺利；冰壶比赛中，运动员在冰壶前面擦冰面，可以减小摩擦力，使冰壶滑行更远；在轮胎上加上花纹可以增大摩擦力，防止轮胎打滑。

游戏中的科学

切不破的纸

准备材料

一个生土豆	一把菜刀
一张纸	一个案板

操作步骤

01 把土豆洗干净，擦干水后将其放在案板上。

02 将准备好的纸对折，把菜刀包裹在纸中间，刀刃对着纸的对折线（小心刀刃）。

03 用裹住刀刃的刀将土豆切开。

注意：为了安全起见，这个实验请在家长的协助下完成。

实验结果

土豆被切开后，裹在刀刃上的纸完好无损。

科学揭秘

纸张没有一点儿破损，主要有以下两个原因：一是包裹住刀刃的纸受到来自刀刃的作用力的同时，也受到来自土豆的反作用力，两种力相互抵消了；二是纸纤维的柔韧性比土豆纤维要好。

皮球的反弹

准备材料

一个小皮球	一块石板
一块木板	一些沙子
一块用毯子包裹起来的石板	

操作步骤

01 将石板、木板、用毯子包裹起来的石板和适量沙子放置在同一个平面上。

02 让小皮球分别从同一高度下落到石板、木板、用毯子包裹起来的石板和沙子上。

03 观察小皮球的状态。

实验结果

小皮球在落到石板、木板上后会反弹得较高；落到用毯子包裹起来的石板上也会反弹，但是弹起来的高度很低；落到沙子上不反弹。

科学揭秘

小皮球在下落过程中积累了重力势能，在与坚硬的平面接触的时候，在重力势能的作用下，小皮球会被压扁，恢复原状时会产生弹力，进而被高高地弹起；当小皮球接触到不坚硬的平面时，重力势能会被平面吸收，所以小皮球就弹不高了；落到松软的沙子上时，重力势能完全被吸收，小皮球就完全弹不起来了。

扯不开的毛巾

准备材料

两条毛巾	一张桌子
一位小伙伴	

操作步骤

01 将两条毛巾铺开放到桌子上，使边缘处重叠4厘米左右。

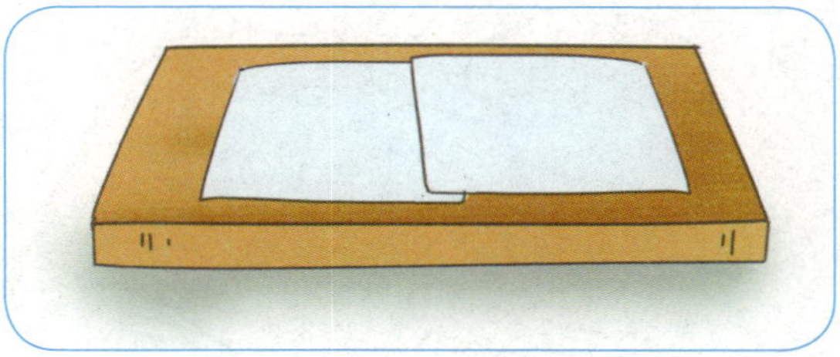

02 将重叠部分弄出像折扇一样的褶皱，并用拇指和食指将褶皱处捏住。

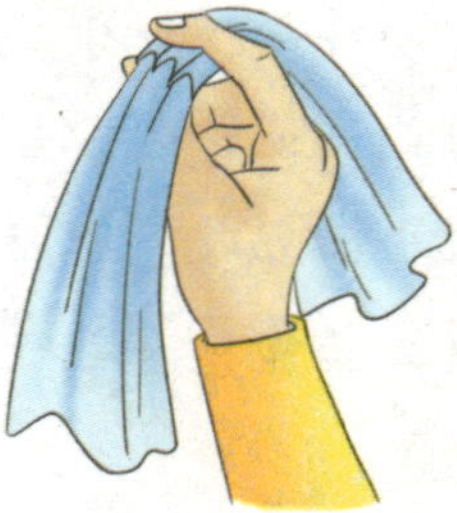

03 请小伙伴抓住毛巾的两端用力往两边扯，看看小伙伴能否扯开毛巾。

实验结果

小伙伴无法扯开毛巾。

科学揭秘

通过实验发现，我们虽然只用两根手指捏住了毛巾上像折扇一样的褶皱，可是这个操作却紧紧压住了毛巾上所有的接触点，从而使摩擦力大大增加，所以两条毛巾很难被扯开。这就是摩擦力的力量。

探索声音的奥秘

如果没有声音，我们无法通过语言进行沟通，只能通过手势、面部表情、身体语言等方式来表达自己的意思，这样会导致沟通有障碍和对信息产生误解。

如果没有声音，我们也就无法感受到音乐、自然声音等蕴含的情感和带来的美妙感受。

试想一下，如果所有的声音都消失了，这个世界将会变得多么可怕！

那么，你知道声音是怎么产生的吗？它又是如何传播的呢？下面，就让我们一起走进声音的世界，来一探究竟吧！

周围的声音

周六，沐沐一家来到野外游玩，爸爸指着远处的树林说："沐沐，你听那是什么声音？"沐沐仔细倾听，远处传来了风吹树叶的沙沙声。

沐沐好奇地问："爸爸，这些声音是怎么产生的呢？"

爸爸解释道："声音是由振动产生的。声音可以通过气体、液体、固体传播，生活中大多数声音都是通过空气传播的。风吹过来，树叶产生了振动，这些振动通过空气传播到我们的耳朵，我们就能听到声音了。"

沐沐感叹："声音真是太神奇了！"

◆ 声音是怎么产生的

我们听到的声音都是由物体振动产生的，这些振动通过空气传播，并最终进入我们的耳朵。

据科学家研究发现，一切正在发声的物体都在振动，当物体振动时，它会引起周围空气分子的振动，使周围的空气产生变化，

形成疏密相间的纵波，从而形成了声波。当物体的振动停止，发声也随之停止，但声音不会立刻消失，这是因为声波仍然在继续传播。

◆ 声音的特性

声音的特性包括响度、音调、音色。

响度是指声音的大小，它是由振幅决定的，振幅越大，响度越大。音调是指声音的高低，它是由物体振动频率决定的，频率越高，音调越高。音色又称音品，是一个抽象的东西，通俗地讲就是声音好听与不好听，它是由波形决定的，波形不同音色也不同。

提示

声音有一定的频率范围，人类能听到的声音频率为 20 ~ 20000 赫兹，而动物能听到的声音频率要比人类高多了。

想象一下，如果我们拿着一个铜锣并狠狠敲它，站在附近的小

伙伴一定会立刻捂住耳朵，因为声音实在太大了！

声音为什么会这么大呢？这是因为我们用力敲击铜锣时，导致铜锣强烈地振动，进而引起空气分子振动，正是这种强烈的振动使声音变得很大，刺激到小伙伴的耳朵。而这种物体振动的幅度就叫振幅，它决定了声音的响度。

◆ 电话发声的奥秘

电话是我们常见的生活用品，那你知道电话为什么能传递声音吗？

电话是美国发明家贝尔发明的。不过早期的电话体积很大，声音很小，通话双方必须大声喊叫才能听见对方的声音。后来，爱迪生等发明家对电话进行了改进，使其变得更小巧实用，逐渐成为人类交流的重要工具之一。

固定电话通常有两根电话线，一根与听筒连接，另一根与话筒连接。当我们对着话筒说话时，声音进入话筒，话筒内的金属片随着声音的振动，将声音转化为电流。电流通过电话线传输到对方的听筒，金属片也开始振动，在空气中形成声波。这样，人们就可以互相传递信息，进行语言交流了。

◆ 为什么自己说话和录音听起来不一样

你有没有留意过，我们在录音、电话或视频中的声音和我们直接听到自己说话的声音是不一样的，这究竟是为什么呢?

这主要是由传播路径的不同和发声设备对声音的处理方式不同导致的。首先，我们在说话的时候，声音会沿着两条不同的路径传播：一条是通过空气传播，会受到环境影响，又要通过外耳、耳膜等，最后进入耳内，这个过程中声音的能量会逐渐衰减，音色也会产生改变。

另外，在电子设备中，声音会被麦克风捕捉并转换成电信号，再经过一系列的处理后传输到扬声器。这个过程中声音也会发生失真、衰减等变化。所以录音中的声音会与我们直接听到的声音有所不同。

声音的传播

睡觉前，妈妈给晶晶讲古代战争的故事，其中有一个现象引起了晶晶的兴趣。在古代打仗时，士兵常把耳朵贴在地面上，通过地面传来的声音来判断敌军的位置。

晶晶不明白其中的缘由，便问妈妈：“这是为什么呀？”

妈妈解释道：“这是因为马蹄踏在地面上，地面会随之振动而发出声音，声音会沿着地面进行传播。古人发现了这个现象，所以在打仗时，为了辨明敌军的方位，常常把耳朵贴在地面上听声音。”

◆ 声音传播需要介质

声音需要通过介质来传播，而最常见的介质是空气。除了空气，液体和固体也可以传播声音。如果没有介质的帮助，声音是无法传播的。声音在不同的介质中传播的速度是不同的，气体传声最慢，液体次之，固体最快。

另外，由于真空环境中没有介质，因此声音无法在真空环境中传播。太空是一个近乎真空的环境，所以航天员在太空中听不到任何声音，他们彼此只能通过无线电进行交流。

提示

声速是指声波在某种介质中传播的速度。声速并不是恒定的，它受到介质的密度、温度和湿度等因素的影响。一般情况下，声速会随着介质密度、温度的增加而增加，会随着湿度的增加而降低。

◆ 人是如何听到声音的

我们之所以能听到声音，是因为耳朵担任着“收音机”的重要角色。耳朵包括三部分，分别是外耳、中耳、内耳，其听到声音的过程就像接力赛，每个阶段都有不同的任务。

首先，外耳就像是一个接收器，负责收集声音并引导声音进入耳朵内部。它有一个特殊的结构叫作耳郭，可以帮助我们判断声音的方向和距离。

其次，中耳就像是一个桥梁，它把外耳接收到的声音传递到内耳。中耳里有三小

骨，它们将声音振动放大并传递到内耳。

最后，内耳就像是一个翻译机，它把中耳传递过来的声音振动转化为神经信号，然后通过听神经把这些信号传送到大脑里。大脑再翻译这些信号，我们就能听到声音了。

◆ 鱼能听到岸上的声音吗

钓鱼爱好者在钓鱼时常常会保持安静，生怕惊扰到水下的鱼。有的小朋友会问，鱼也有耳朵吗？它们真的能听到岸上的声音吗？

很多小朋友认为，鱼没有人类这样的耳朵，它们是听不见声音的。其实不对，鱼虽然没有外耳、中耳，但它有内耳。我们人类生活在陆地上，由于声波在空气中的传播速度较慢，因此人类需要依靠一个开放的外耳收集声波，再通过鼓膜的振动将声波传递到听觉器官，而鱼类则不需要这么麻烦。

由于鱼类没有鼓膜，体内还有大量的水，因此声波无须经过复杂的传导过程，它们可以感知水中的声波。当我们站在岸上说话时，声音会在水中传播，并以极快的速度在水中扩散，因此鱼很容易就能听见岸上的声音。

还有一些鱼类通过另一种方式听见声音。它们的耳朵与体内的囊形辅助呼吸器官——鳔相连，当水中的声波传导至鱼的体内，使鳔发生振动，这种振动会沿着与鳔相连的一系列器官传输到内耳，同样可以感知到声音。

◆ 神奇的听诊器

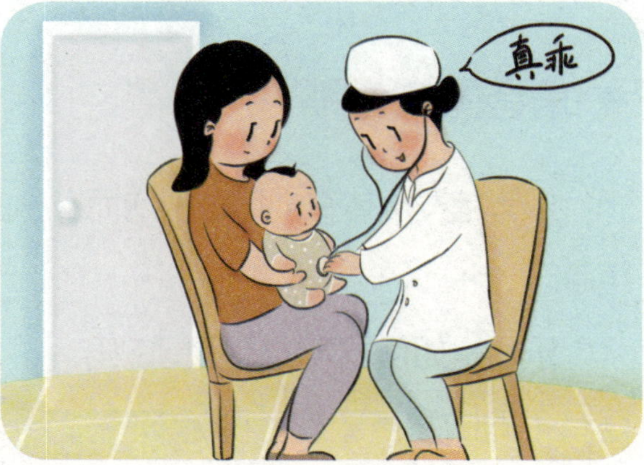

听诊器是一种医疗器械，它可以帮助医生清晰地听到患者体内发出的声音，从而让医生更加准确地判断患者的健康状况。

使用听诊器时，医生将一端像戴耳机一样戴在耳朵上，将带有膜片或铝膜的听诊头放置在患者的胸口。让患者胸部器官活动时，就会带动膜片发生振动，从而产生声音，通过听诊器的耳机输出，传递到医生的耳朵里。

优美的乐音

下午上课的时候，小冰因为没有完成作业，受到了老师的批评，小冰心情很低落。放学后，他走着走着，听到一阵美妙的音乐声，小冰循着音乐声走去，看见有一个人正在拉小提琴。那个人用细长的琴弓拉着琴弦，琴弦有时振动得很快，有时振动得很慢，优美的琴声让在场的人都沉醉在他的演奏中。

小冰心想：这琴声真好听，连心情都变好了呢。

◆ 乐音的产生

乐音指发声体有规律地振动而发出的声音，如歌声、琴声、笛声等。

乐器是如何发声的？不同的乐器有不同的发声原理。例如钢琴，钢琴演奏者按下琴键时，通过复杂精巧的杠杆系统，牵动钢琴里面包着绒毡的小木槌，敲击琴弦，从而发出声音。演奏者按照乐谱，便可以弹奏出丰富多彩的乐曲。

再比如歌声，我们发声时首先要进行呼吸，通过合理的呼吸技巧，控制气息和呼吸节奏，使声带能够得到适当的振动从而发出声音。随后通过共鸣腔体的协助，声音得以扩大和美化，从而呈现出令人陶醉的声音。

◆ 历史悠久的乐器

音乐是人类很早就拥有的精神财富。在古代，人们常用绳子系上一个石球或泥球，用来击打鸟兽，这种狩猎工具叫作“石流星”。有些球体中间是空的，当抡起来时会发出声音。后来，人们便开始使用它来吹奏乐曲，这种“球”逐渐演变成了埙。埙是中国最古老的吹奏乐器之一，它顶部设有吹口，腹部有五个音孔。吹奏时通过按压不同的音孔，可以发出不同的声音。

战国时期的曾侯乙编钟，至今还能弹奏出享誉世界的完美乐音。它是由 64 件钟和 1 件镈组成，总重达 2500 多千克。每件钟能发双音，发出的音高互为大三度或小三度，总音域跨 5 个八度，半音齐全。

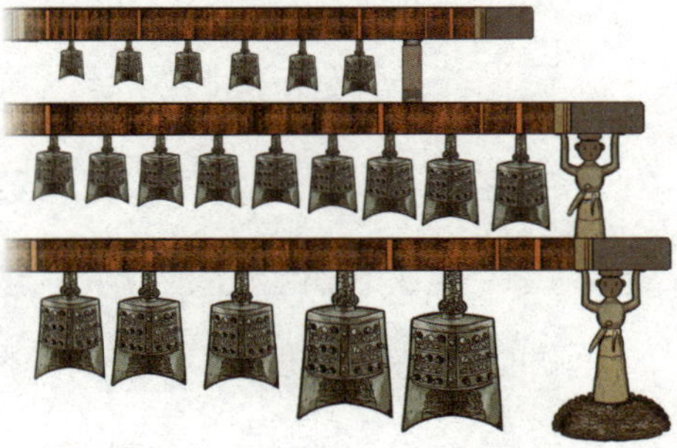

◆ 奇妙的乐音三要素

乐音主要有三个要素，即响度（又称音强）、音调（音高）和音色。

响度指声音的强弱，所谓声音大，也就是声音的响度大。在生活中，人们习惯将响度称作音量。课堂上，老师叫你回答问题会说“声音大一点”，这时需要增大声音的音量，也就是响度。在接受记者采访时，用话筒来说话，也是为了增大声音的响度。当你和朋友说一些悄悄话时，声音的响度也会相应小很多。

音调指声音的高低，音调高，说明声音比较“尖”；音调低，说明声音比较“粗”，比较“低沉”。小孩说话的声音很尖，这里的“尖”指的就是小孩声音的音调高。著名歌曲《青藏高原》的最后一句实在是太高了，这里的“高”指的就是声音的音调高。还有很多歌唱家是唱高音的，他们唱的高音指的也是音调高。

歌唱家或者乐器能够达到的最低音与最高音之间的范围，被称为音域，通常被分为高音区、中音区和低音区。我们常听人说的“女高音、女中音、女低音”与“男高音、男中音、男低音”，指的就是不同音域的歌唱家。

有趣的是，女高音还可以细分为抒情女高音、戏剧女高音和花腔女高音，男高音还可以细分为抒情男高音、戏剧男高音和极限男高音等。

音色指某种声音给人的独特感觉，如果你被你的好朋友蒙住了眼睛，只要他忍不住发出笑声，你就能猜出他是谁。听到一段旋律，哪怕你没有看到，但你还是能辨认出来自哪些乐器，这些都是依靠音色来判断的。不同发声体的材料、结构不同，发出的声音的音色也不同。

超声波和次声波

一个周末的早晨，小强陪同爸爸去洗牙。牙医拿出了一个奇特的仪器，小强好奇地问："叔叔，这是什么呀？"牙医说："这是超声波洁牙仪。"

小强继续问："什么是超声波呀？"牙医说："超声波是一种人类听不到的高频率声波。"

小强追问："人类为什么听不到超声波呢？"牙医解释说："因为它超出人类听觉范围的上限。"

小强挠挠头问道："那有没有低于人类听觉下限的声音呢？"牙医说："当然有啦，那叫次声波，次声波也是人类听不到的。"

◆ 超声波

人类能感受的声音频率的范围在 20~20000 赫兹，而超声波是一种频率高于 20000 赫兹的声波，它的波长非常短，只能依靠介质进行传播。既然人类听不见，那么又是怎样发现超声波的呢？

18 世纪末，意大利科学家斯帕拉捷做了一个"蝙蝠实验"，他发现蝙蝠能够在漆黑的环境中灵活地避开障碍物。经过反复研究，他发现蝙蝠的喉头能发出一种奇特的声音，蝙蝠正是靠这种声音来躲避障碍物的。

“蝙蝠实验”为超声波的发现奠定了基础。后来，科学家经过研究发现，蝙蝠是靠超声波进行“回声定位”的，当蝙蝠发出的超声波碰到障碍物时就会反射回来，蝙蝠根据回声的方位、强弱和反射时间，就可以获取飞行路线上的各种信息，从而搜寻食物、探测距离、回避障碍物和逃避敌害等。

提示

许多人担心超声波检查会影响我们的身体健康。这种担忧是合理的，不过临床使用的超声设备都有着严格的要求，它们发出的声波对人体的影响可以忽略不计，并且超声检查持续时间也不会很长，所以不会对我们的身体造成损伤。

◆ 次声波

次声波是低于人类听觉下限（20 赫兹）的声波，人耳听不到。次声波的波长很长，传播距离很远，比一般的声波和无线电波传播得都要远。某些频率的次声波和人体器官的振动频率非常相近，甚至相同，这样就很容易和人体器官产生共振，从而对人体造成伤害，让人感到头晕、恶心等不适，严重时甚至会危及人的生命。

自然界中，地震、海啸、火山爆发等自然灾害都有可能产生次声波。此外，有些动物也能发出次声波，如蝴蝶、大象、长颈鹿等。工厂里的一些机械设备在工作时也可能产生次声波，如扩音器、鼓风机、搅拌机等，这也就解释了为什么我们有时靠近这些机器会感到难受。

◆ 声音界的“怪咖”

人们虽然听不见超声波和次声波，但是随着科技的发展，它们已经被人类应用到很多领域。

医生用 B 超仪器检查病人的身体时，仪器向病人体内发射超声波，接收体内脏器的反射波，反射波携带的信息经过处理后显示在屏幕上，医生便可以了解病人身体的内部结构。对孕妈妈而言，通过 B 超可以检查胎儿的发育情况。超声波还可以用于去除人体内的结石，医生通过仪器向人体内的结石发射超声波，将人体内的结石粉碎，从而使结石排出体外。它可以将一些精细的仪器洗得干干净净，还能够将钢铁、金刚石等坚硬的物体打磨成人们想要的形状。

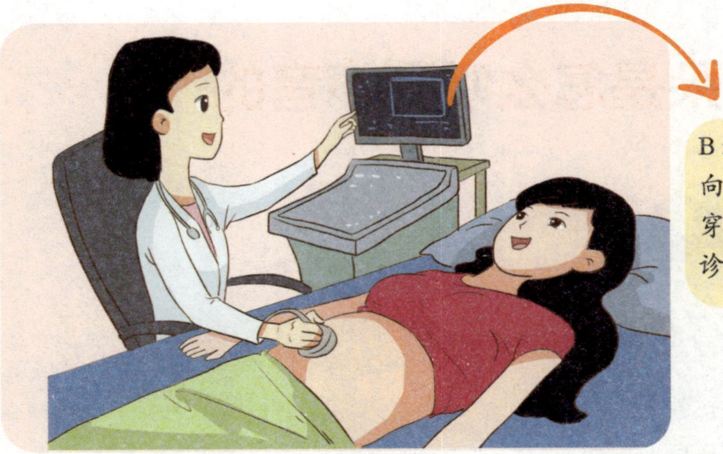

B超就是利用超声波可向一定方向传播，能够穿透物体的特性，用于诊断和检查。

次声波也有各种用途，比如人们利用次声波的原理研制出了“次声波诊疗仪”，用来判断人体内的器官是否正常。通过研究次声波的特性和产生机制，人们还可以预测许多自然灾害事件。比如，人们利用一种叫作“水母耳”的仪器，可以监测风暴发出的次声波，从而提前做好灾害预防。而且次声波具有极强的穿透能力，地质工作者不仅可以利用次声波获得地下的构造信息，还能探测出埋藏在地下的矿藏。

不过次声波是把“双刃剑”，它既可以造福人类，也可以伤害人类，我们应该合理、恰当地利用它。

游戏中的科学

耳朵是怎么听到声音的

准备材料

两张纸	一张卡片
一卷胶带	一根橡皮筋
一块塑料薄膜	一个手电筒

操作步骤

01 把一张纸卷成一个锥形，用胶带粘起来。

02 把另一张纸卷成一个圆柱形，在一端覆上塑料薄膜，用橡皮筋扎紧。

03 用胶带将纸筒没有塑料薄膜的一端和锥形纸筒的窄边粘在一起，这就模拟出了耳朵的结构。

04 用胶带把卡片立着粘在桌子上，将粘在一起的纸筒放在卡片前面的桌子上，锥形纸筒的大开口朝外。

05 打开手电筒放在桌上，让手电筒的光照射纸筒一端的薄膜，使光点出现在卡片上。然后对着锥形筒大声说话。

注意：为了安全起见，这个实验请在家长的协助下完成。

实验结果

光点会快速晃动。

科学揭秘

光点之所以会快速晃动，是因为声波令塑料薄膜上下抖动。这个组合纸筒中的塑料薄膜模拟的就是人耳中的鼓膜，圆柱形纸筒就相当于人的耳道，锥形筒就相当于人的外耳。当有声波振动时，外耳会将声波收集，然后进入耳道，使鼓膜发生振动，鼓膜把接收到的信号传给人的大脑，人就听到了声音。

水球魔音

准备材料

两个气球	一些线

操作步骤

01 将一个气球吹起来，然后用线把气球嘴系紧。

02 将第二个气球的吹嘴套在水龙头上，打开水龙头，往里面灌水，等到这个气球跟第一个气球差不多大时，关闭水龙头，也用线将气球嘴系紧。

03 将两个气球放在桌子上，将耳朵依次紧贴到两个气球上，并用手指敲击桌面，仔细听敲击声。

实验结果

灌满水的气球比吹气的气球传出的声音更清晰。

科学揭秘

声音不仅能在空气中传播，也能在液体中传播，而且水分子之间的距离比空气分子之间的距离小得多，所以它们传声更容易一些。因此，相比于吹满气的气球，通过“水球”能听到更清晰的声音。

发出巨响的鞭子

准备材料

一根粗麻绳（至少1米长）	一根短木棍
宽胶带	

操作步骤

01 将粗麻绳缠在短木棍的一端，并用宽胶带固定住，保证绳子不会脱落，制成一根简易的鞭子。

02 选择一个宽阔无人的场所，用手牢牢握住木棍，向一个方向用力甩动鞭子。

03 突然向另一个方向甩动鞭子，多试几次，聆听鞭子发出的声音。

实验结果

绳子充满了力量，发出“啪”的一声巨响。甩得越快，它发出的声音就越大。

科学揭秘

鞭子之所以发出“啪”的一声巨响，是因为“音爆”现象发生了。音爆是指当某个运动物体的速度达到音速时所发出的巨大声响。在这个实验中，我们不断加快甩鞭子的速度，最终达到了引发音爆的临界点，巨大的声响会被瞬间释放出来。